Heißgeliebte Gemüse-Spezialitäten

Wer schwört nicht auf sie, auf die saftigen, mit Hackfleisch gefüllten Paprikaschoten oder die klassischen Kohlrouladen?
Aber nicht nur Paprika und Weißkohl, auch Tomaten, Gurken, Zwiebeln und andere Gemüse können Sie fantasievoll füllen und dabei ungeahnte Möglichkeiten entdecken. Die Aromen vermischen sich auf köstlichste Weise, und die bunten Gerichte verwöhnen Augen und Gaumen.
Rezeptideen finden Sie hier in Hülle und Fülle – genießen Sie mit!

Die Farbfotos gestaltete Odette Teubner.

INHALT

INHALT

Wenn Sie das Fruchtfleisch mit einem Messer zuerst einschneiden, läßt es sich leicht herauslösen.

Gemüse mit saftigem Innenleben

Ausgehöhlte Gemüse sind die schönsten natürlichen »Behälter« für jede Art von Füllung und eignen sich außerdem hervorragend zum Schmoren. Eine Idee, an der viele Völker rund um den Globus Gefallen gefunden haben. Paprikaschoten mit gewürztem Hackfleisch zum Beispiel gibt es von Frankreich bis Ungarn, von Griechenland bis in die Türkei. Auch Kohl- und Blattgemüse, wie Weißkohl, Wirsing oder Mangold, sind als schmackhafte »Hüllen« weltweit beliebt.
Das Prinzip ist stets das gleiche: Die Farce wird in die ausgehöhlten Gemüsefrüchte gefüllt oder in blanchierte Blätter gewickelt, diese dann in heißem Fett angebraten, mit Fleisch- oder Gemüsebrühe aufgegossen oder gleich in die kochende Garflüssigkeit gesetzt und langsam geschmort.
Gewiß, für die Vorbereitung müssen Sie sich etwas Zeit nehmen. Steht das Gericht aber erst einmal im Backofen oder auf dem Herd, können Sie sich getrost anderen Dingen widmen.

Gemüse zum Füllen

- Fruchtgemüse können Sie im Rohzustand füllen.

Zucchini und Schmorgurken der Länge nach halbieren und das Fruchtfleisch mit einem Teelöffel oder Kugelausstecher auslösen. Wer dickere Scheiben aushöhlen möchte, nimmt dazu am besten einen Apfelkernbohrer oder ein spitzes, scharfes Messer.
Auberginen lassen sich problemlos aushöhlen, wenn Sie die Schnittflächen der halbierten Früchte vorsichtig mit einem Messer in Rauten schneiden, ohne die Schale zu verletzen. Die Hälften mit Salz bestreuen und ziehen lassen, dann trockentupfen und eventuell anbraten.
Fleischtomaten sind festfleischig, nicht zu saftig, enthalten wenig Samenkerne und bieten viel Platz für die Füllung. Das Fruchtfleisch mit einem Teelöffel herauslösen und als Basis für Sauce oder Farce verwenden.
Paprikaschoten der Länge nach halbieren oder einen flachen Deckel abschneiden, die Kerne und die Rippen entfernen. Die Schoten, gleich, ob grün, gelb oder rot, müssen nicht blanchiert werden. Sie schmecken allerdings feiner, wenn Sie sie kurz in kochendes Salzwasser tauchen. Zum Rohfüllen sind die kleinen gelben Spitzpaprika mit dünner Haut ideal.
Kürbisse sind von Natur aus hohl: Schneiden Sie mit einem scharfen Messer am Stielansatz einen flachen Deckel ab. Die Höhle im Inneren ist von unzähligen Kernen und Faserfleisch ausgekleidet, die Sie mit einem scharfkantigen Löffel herausschaben können, Gleiches gilt für das Fruchtfleisch.

- Blattgemüse muß man blanchieren (Ausnahme: eingelegte

Weinblätter!), damit es sich gut wickeln und falten läßt. Deshalb sollten Sie die Mittelrippen an der Rückseite der Blätter flach abschneiden. Folgendes ist wichtig: Die Fülle zum Stielansatz auf das Blatt geben und das Blatt von unten darüber schlagen. Dann die beiden Seiten des Blattes nach innen über die Füllung klappen und aufrollen, so daß das Päckchen gut verschlossen ist. Legen Sie alle fertigen Wickel dicht nebeneinander in den Schmortopf – so bleiben sie schön aufgerollt. Oder Sie verschließen sie mit Küchengarn.
Weiß- und Rotkohl haben viele eng übereinandergeschichtete Blattlagen, die sich frisch kaum voneinander lösen lassen. Daher: den ganzen Kopf so lange kochen lassen, bis die äußeren Blätter weich und biegsam sind und sich mühelos abtrennen lassen.
Wirsing und Spitzkohl bilden im Gegensatz dazu eher lockere Köpfe – Sie können daher die einzelnen Blätter meist auch roh vom Strunk abtrennen. Portionsweise in sprudelnd kochendem Salzwasser blanchieren und in eiskaltem Wasser abschrecken. Wer einen kompletten Wirsing füllen möchte, kocht ihn unzerteilt vor.
Chinakohl und Mangold gehören zu den zarten Blattgemüsen. Ein kurzes Tauchbad in kochendheißem Wasser genügt, damit die einzelnen Blätter geschmeidig werden. Die weißen Mangoldstiele sollten Sie vorher abschneiden.

- Knollengemüse kocht man meist vor, ehe man es aushöhlt.

Kohlrabi und Knollensellerie werden geschält, quer aufgeschnitten und vorgegart. Junge, zarte Kohlrabiknollen können Sie auch roh füllen. Einen Teil des ausgelösten Fleisches für die Füllung verwenden.
Gemüsezwiebeln schälen und im Ganzen in Salzwasser eben weich kochen. Dann eine Kappe abtrennen, das Innere kreuzweise einschneiden und mit einer Gabel oder einem Kugelausstecher herauslösen.
Kartoffeln erhalten einen besonders guten Geschmack, wenn Sie sie ungeschält in Alufolie im Ofen weich backen. Schneller geht´s, wenn Sie die großen Knollen vorkochen. Einen flachen Deckel abschneiden und das Innere herauslöffeln.
Fenchel längs halbieren und kurz vorkochen. Zitronensaft mit ins Kochwasser geben, damit die Knollen hell bleiben. Die einzelnen Blätter vorsichtig bis auf ein bis zwei Randschichten herausschneiden.

- Spezielle Gemüse erfordern beim Füllen mehr oder weniger Aufwand.

Artischocken müssen Sie sorgfältig vorbereiten: Stiel, äußere Blätter und harte Spitzen abschneiden. Die Artischocken in Zitronenwasser legen, damit sie sich nicht verfärben. Kleine Höhlungen entstehen, indem Sie die inneren Blättchen, bei größeren Früchten auch die feinen Härchen am Boden entfernen.
Champignons lassen sich im Nu vorbereiten, vorausgesetzt sie sind groß: Stiele entfernen, Köpfe leicht aushöhlen, fertig!
Staudensellerie bietet nur eine schmale »Füllöffnung«, für feine Cremes.

Gemüseblätter werden blanchiert und von den dicken Rippen befreit, damit sie sich rollen lassen.

Gemüse-Hülle voller Fülle

Ausgehöhlte Gemüse ohne Inhalt sind wie Nudeln ohne Sauce! Erst mit den richtigen Partnern – Fleisch oder Fisch, Getreide, Gemüse, Kräutern und Gewürzen – wird daraus eine schmackhafte Mahlzeit.
Fleisch, zum Beispiel Gehacktes von Schwein und Rind, aber auch von Kalb und Lamm, zählt zu den klassischen Füllungen. Eiweiß bindet den rohen Hackfleischteig, deshalb gehören unbedingt ein bis zwei Eier daran. Allein mit Eiweiß wird die Farce sehr fest. Umgekehrt bewirkt ein eingeweichtes Brötchen vom Vortag einen lockeren Teig. Statt dessen können Sie auch Semmelbrösel, die Sie in Milch oder Sahne quellen lassen, Cornflakes oder gekochten Reis untermischen. Füllungen aus geschnetzeltem und gebratenem Fleisch, zum Beispiel Puten- oder Hähnchenfilet, benötigen oft mehr Eier, da das Fleischeiweiß bereits fest ist und nicht mehr bindet.
Fisch – zum Füllen geeignet sind Fischfilets aller Art, auch eingelegte Fische wie Thunfisch, Garnelen und Muscheln. Fisch sollten Sie vor der Zubereitung immer mit Zitronensaft beträufeln, er wird dadurch fester. Das Eiweiß im Fischfleisch gerinnt bei starker Hitze rasch, im Backofen wird es leicht zäh und faserig. Deshalb ist es wichtig, daß Sie beim Garen für Feuchtigkeit sorgen: eine Sauce, etwas Flüssigkeit in der Form oder in der Füllung. Wenn Sie gegen Ende der Garzeit noch ein Stück Alufolie auf die Füllung legen, erreichen Sie denselben Effekt. Saftig bleibt Fisch beim Dämpfen und in Gemüseblätter gewickelt.
Getreide und Hülsenfrüchte haben einen Platz im »Herzen« vieler Gemüse verdient: Zum Beispiel Hirse, Grünkern oder Vollkornreis, auch Buchweizen, Bulgur und Couscous, Linsen und Bohnen eignen sich hervorragend als Gemüsefüllung. Wählen Sie als Fülle möglichst ganze Körner oder Samenfrüchte, die man nicht einweichen muß, Grütze (gebrochene Körner), geschrotete Körner oder Grieß (körnig vermahlen), die weniger als eine Stunde beim Kochen und Quellen benötigen. Wie beim Fleischteig heißt das Binde- und Lockerungspaar für den Brei Ei und Brötchen.
Gemüse für die Füllung sollte entweder sehr klein geschnitten oder geraspelt sein, damit es rasch gar ist, oder bereits gedünstet oder blanchiert. Kräuter sollten Sie erst zum Schluß hacken und zur Fülle geben, damit ihr Aroma nicht verfliegt.
Nüsse und Kerne aller Art wie Walnüsse, Haselnüsse, Pinienkerne und Sesam bringen Finesse ins Füll-Spiel, wenn man Sie vor dem Untermischen in einer Pfanne anröstet.

Die Auswahl von Zutaten, die sich zum phantasievollen Füllen von unterschiedlichem Gemüse eignen, ist reichhaltig.

Gefülltes Gemüse garen

In einer hitzebeständigen Form im Backofen
Am besten geeignet sind Materialien, die die Hitze sehr sanft und gleichmäßig leiten, also Porzellan, Keramik und Steingut, aber auch Glas. Metallformen geben Hitze sehr schnell

und direkt weiter. Das hat zwar den Vorteil, daß das Innere rasch erhitzt und gegart wird, bei empfindlichen Gemüsen wie Champignons und Tomaten besteht aber die Gefahr des Anbrennens.
Platzprobe: Setzen Sie die leeren Gemüseschalen probeweise in die Form, um zu testen, ob alle hineinpassen. Wenn nicht, das gefüllte Gemüse in die Fettpfanne setzen.
Gefüllte Gemüse lassen sich prima gratinieren. Die Oberfläche wird besonders knusprig, wenn Sie zum Schluß noch geriebenen Käse oder Nüsse, Butter und Semmelbrösel aufstreuen.
Im Topf auf dem Herd
Breit und schwer muß der Topf sein und einen fest schließenden Deckel haben, damit beim Schmoren möglichst wenig Flüssigkeit verdampfen kann. Materialien, die Hitze gut aufnehmen und abgeben, sind geeignet: Gußeisen oder emaillierter Stahl, aber auch Edelstahl.

Pluspunkte in der Küche

Gefüllte Gemüse sind praktisch, weil sie vorbereitet werden können und von alleine garen. Zudem sind viele der hier vorgestellten Rezepte Hauptgerichte mit Beilage in einem, Sie können sie also durchaus solo servieren.
Ein weiterer Vorteil: Gefüllte Gemüse eignen sich prima zum Einfrieren. Sie bereiten einfach die doppelte Menge zu, essen die eine Hälfte frisch und frieren die andere in Portionsschälchen ein.

Schlemmereien für Gäste

Gemüse aller Art, ausgehöhlt und vielseitig gefüllt, gebacken und frisch vom Blech serviert – ein Gästeessen par excellence! Die längste Zeit brauchen Sie, um die Gemüse vorzubereiten. Dann aber können Sie eine Sorte nach der anderen in den Backofen schieben: zuerst Paprikaschoten – sie garen etwa 40 Minuten. Nach 10 Minuten setzen Sie Auberginen, Gemüsezwiebeln, Kohlrabi und Zucchini mit aufs Blech. Gefüllte Champignons und Fenchelhälften brauchen etwa 20 Minuten. In den letzten 10–15 Minuten wandern Tomaten ins heiße Rohr. Rezepte finden Sie in den einzelnen Kapiteln.
Perfekt wird's, wenn Sie dazu noch zwei bis drei kühle Saucen reichen. Zum Beispiel eine Joghurtsauce aus Vollmilchjoghurt, Schmant, etwas Zitronensaft, Salz und fein gehackten Kräutern oder geraspelter Salatgurke. Oder eine rohe Tomatensauce: Dafür Fleischtomaten häuten und entkernen. Das Fruchtfleisch pürieren und mit zerdrücktem Knoblauch, Cayennepfeffer, Salz, etwas Essig und Olivenöl abschmecken.
Zum Gemüse können Sie noch frisches Weißbrot oder Fladenbrot servieren. Als Getränk paßt Rosé oder Rotwein.

Wenn Sie nicht sicher sind, ob die Form für das gesamte Gemüse ausreichend groß ist, probieren Sie es in der ungefetteten Form aus!

Spitzpaprika-Rohkost

Pikant-frische Kleinigkeit, die man aus der Hand essen kann.

Zutaten für 4 Personen:
4 gelbe Spitzpaprika (je etwa 50 g)
100 g Doppelrahmfrischkäse
2 Eßl. Sahne
2–3 Eßl. Mineralwasser
2 Eßl. Zitronensaft
100 g fester Ricotta (oder Manouri, frischer Schafkäse)
10 grüne Oliven, paprikagefüllt
1 Bund glatte Petersilie
1 Bund Dill · Salz
weißer Pfeffer, frisch gemahlen

Gelingt leicht • Schnell

Pro Portion etwa:
860 kJ/200 kcal
8 g Eiweiß · 17 g Fett
3 g Kohlenhydrate

- Zubereitungszeit: etwa 30 Minuten

1. Die Paprikaschoten waschen, einen Deckel abschneiden, die Trennwände und Samen herauslösen.

2. Den Frischkäse mit der Sahne, dem Mineralwasser und dem Zitronensaft in eine Schüssel geben. Den Ricotta auf der Rohkostreibe dazuraffeln. Alles mit dem Schneebesen glattrühren.

3. Die Oliven winzig klein würfeln. Die Kräuter abspülen und trockenschütteln, einige Zweige zum Garnieren abnehmen. Die übrigen Kräuterblättchen abzupfen, fein hacken und mit den Oliven unter die Käsecreme mischen. Mit Salz und Pfeffer abschmecken.

4. Die Masse mit einem Spritzbeutel oder einem Teelöffel in die Spitzpaprika füllen. Mit Kräutern garnieren. Dazu passen Cracker gut.

Tip!

Knoblauchfans können die Käsemischung noch mit gehacktem Knoblauch anreichern, Freunde scharfer Genüsse mit fein gewürfelter roter Chilischote.

Cocktailtomaten mit Olivencreme

Ideal für Feste als Vorspeise oder Aperitif-Häppchen.

Zutaten für 4 Personen:
20 Cocktailtomaten (etwa 250 g)
1 hartgekochtes Ei
2 Teel. Aceto balsamico (Balsamessig)
50 g schwarze Oliven
1 kleine Knoblauchzehe
1 Sardellenfilet (Anchovis)
1/2 Teel. getrockneter Thymian
2 Eßl. Olivenöl, kaltgepreßt
Salz
schwarzer Pfeffer, frisch gemahlen
20 Basilikumblätter zum Garnieren

Läßt sich gut vorbereiten

Pro Portion etwa:
490 kJ/120 kcal
3 g Eiweiß · 10 g Fett
3 g Kohlenhydrate

- Zubereitungszeit: etwa 45 Minuten
- Kühlzeit: etwa 1 Stunde

1. Die Tomaten waschen und trockenreiben. Von jeder Frucht einen kleinen Deckel abschneiden. Die Tomaten mit einem Löffelstiel aushöhlen.

2. Das Ei pellen. Das Eigelb auslösen und mit dem Essig beträufeln. Die Oliven entsteinen, den Knoblauch schälen. Beides mit dem abgespülten Sardellenfilet, dem Thymian und dem Olivenöl zum Eigelb geben. Mit dem Pürierstab zu einer Paste zerkleinern. Das Eiweiß fein hacken und unterheben. Salzen und pfeffern.

3. Die Olivenfarce mit einem Messer in die Tomaten streichen. Im Kühlschrank mindestens 1 Stunde ziehen lassen. Dann mit Basilikum garnieren, die Tomatendeckel auflegen.

Tip!

Die Olivencreme gibt´s als Tapenade auch fertig zu kaufen. Davon zwei gehäufte Eßlöffel mit dem Eigelb pürieren, das gehackte Eiweiß unterziehen. Fertig!

Im Bild oben: Spitzpaprika-Rohkost
Im Bild unten: Cocktailtomaten mit Olivencreme

Ratatouille in Champignons

Zutaten für 4 Personen:
8 große Champignons (etwa 500 g)
Saft von 1/2 Zitrone
1 rote Paprikaschote (etwa 150 g)
1 kleiner Zucchino (etwa 100 g)
1 Stück Aubergine (etwa 100 g)
2 Tomaten (etwa 200 g)
1 kleine Zwiebel · 1 Knoblauchzehe
2 Eßl. Olivenöl
1 Eßl. Tomatenmark · Salz
schwarzer Pfeffer, frisch gemahlen
1 Teel. Kräuter der Provence
1 Eßl. Semmelbrösel, frisch gerieben
Für die Form und zum Beträufeln:
Olivenöl

Preiswert • Raffiniert

Pro Portion etwa:
510 kJ/120 kcal
6 g Eiweiß · 6 g Fett
11 g Kohlenhydrate

- Zubereitungszeit: etwa 1 1/4 Stunden

1. Die Pilze waschen und trockentupfen. Die Stiele herausdrehen, die Köpfe mit einem Löffel leicht aushöhlen und mit dem Zitronensaft beträufeln.

2. Die Pilzstiele fein hacken. Die Paprika, den Zucchino und die Aubergine waschen, putzen und sehr klein würfeln. Die Tomaten überbrühen, enthäuten und fein hacken.

3. Die Zwiebel schälen und fein hacken. Mit dem zerdrückten Knoblauch im Olivenöl glasig dünsten. Die Champignonstiele und die Gemüsewürfel kurz mitdünsten. Die Tomaten und das Tomatenmark dazugeben, mit Salz, Pfeffer und den Kräutern abschmecken. Zugedeckt bei schwacher Hitze etwa 5 Minuten köcheln lassen.

4. Den Backofen auf 175° vorheizen. Eine flache ofenfeste Form mit Olivenöl einpinseln. Die Champignonköpfe hineinsetzen und füllen, eventuell übrige Füllung um die Pilze verteilen. Mit den Semmelbröseln bestreuen und mit Olivenöl beträufeln. Im Ofen (Mitte, Gas Stufe 2, Umluft 160°) etwa 20 Minuten überbacken.

Auberginen-Röllchen

Zutaten für 6 Personen:
2 Auberginen (etwa 500 g)
1/8 l Olivenöl · Salz
schwarzer Pfeffer, frisch gemahlen
1 Bund glatte Petersilie
2 Bund Basilikum
1 große Knoblauchzehe
30 g Pinienkerne
4 Eßl. Parmesan, frisch gerieben
3 Fleischtomaten (etwa 600 g)
1 Teel. Oregano, getrocknet
18 Scheiben Frühstücksspeck
(Bacon, etwa 150 g)

Für Gäste

Pro Portion etwa:
2600 kJ/620 kcal
12 g Eiweiß · 58 g Fett
11 g Kohlenhydrate

- Zubereitungszeit: etwa 1 1/4 Stunden

1. Die Auberginen waschen und längs in je 9 Scheiben von knapp 1/2 cm Dicke schneiden. In einer Pfanne 75 ml Olivenöl erhitzen. Die Auberginenscheiben darin portionsweise auf beiden Seiten etwa 3 Minuten anbraten. Auf Küchenpapier abtropfen lassen, salzen und pfeffern.

2. Die Kräuter abspülen und grob hacken, einige beiseite legen. Die Knoblauchzehe schälen, grob hacken und mit den Pinienkernen zu den Kräutern geben. Alles im Mixer fein pürieren, dabei langsam das restliche Olivenöl einfließen lassen. Den Käse untermischen, salzen und pfeffern.

3. Die Tomaten überbrühen, häuten, entkernen und klein würfeln. In einer Auflaufform verteilen, mit Salz, Pfeffer und dem Oregano würzen.

4. Den Backofen auf 200° vorheizen. Jeweils 1 Auberginen- und Speckscheibe übereinander legen, so daß der Speck unten liegt. Die Auberginen mit der Kräuterpaste bestreichen, aufrollen und auf die Tomaten setzen. Im Ofen (Mitte, Gas Stufe 3, Umluft 180°) 20–25 Minuten offen schmoren lassen. Mit den restlichen Kräutern bestreuen.

Im Bild oben und unten: Ratatouille in Champignons
Im Bild Mitte: Auberginen-Röllchen

Soufflé-Kartoffeln

Edle Vorspeise oder Abendessen zum Verwöhnen.

Zutaten für 4 Personen:
4 vorwiegend festkochende Kartoffeln (je 150–200 g)
Salz · 1 Ei
100 g Crème fraîche
schwarzer Pfeffer, frisch gemahlen
Muskatnuß, frisch gerieben
1 Eßl. Zitronensaft
50 g Forellen-Kaviar
4 Dillzweige zum Garnieren
Für die Form: Fett

Gelingt leicht

Pro Portion etwa:
1200 kJ/290 kcal
7 g Eiweiß · 16 g Fett
27 g Kohlenhydrate

- Zubereitungszeit: etwa 1 1/2 Stunden

1. Die Kartoffeln gründlich waschen und in Salzwasser in etwa 30 Minuten gar kochen.

2. Dann abgießen und etwas abkühlen lassen, von jeder Kartoffel längs einen Deckel abschneiden, diesen schälen. Die Kartoffeln mit einem Teelöffel bis auf einen etwa 1 cm breiten Rand aushöhlen.

3. Das Ei trennen. Das Innere der Kartoffeln und die abgezogenen Deckel mit einer Gabel zerdrücken, mit dem Eigelb und 75 g Crème fraîche vermischen. Mit Salz, Pfeffer und Muskat abschmecken.

4. Den Backofen auf 200° vorheizen. Das Eiweiß mit dem Zitronensaft steif schlagen, unter die Kartoffelmasse ziehen. Diese in die Kartoffeln füllen.

5. Eine Gratinform einfetten, die Kartoffeln hineinsetzen und im Ofen (Mitte, Gas Stufe 3, Umluft 180°) in 20–25 Minuten goldbraun backen.

6. Die Kartoffeln mit je 1 Klecks Crème fraîche, dem Kaviar und 1 Dillzweiglein anrichten.

Fritierte Chinakohlpäckchen

Zutaten für 4 Personen:
200 g Kabeljaufilet
75 g ausgelöste, gekochte Garnelen
1 Eßl. Zitronensaft
1 Teel. Sesamöl · 1 Eßl. Sojasauce
1 Eiweiß · Salz
schwarzer Pfeffer, frisch gemahlen
1 großer Chinakohl (etwa 1 kg)
1 Frühlingszwiebel
30 g Speisestärke
30 g Mehl · 2 Eier
Außerdem: Holzstäbchen
Zum Fritieren: Öl oder Pflanzenfett

Spezialität aus Asien

Pro Portion etwa:
2200 kJ/530 kcal
20 g Eiweiß · 42 g Fett
16 g Kohlenhydrate

- Zubereitungszeit: etwa 1 1/2 Stunden

1. Das Fischfilet in kleine Würfel schneiden, die Garnelen hacken. Den Zitronensaft, das Sesamöl und die Sojasauce dazugeben. Die Mischung mit dem Schneidstab fein pürieren, dabei das Eiweiß einarbeiten. Die Farce mit Salz und Pfeffer würzen und kalt stellen.

2. In einem Topf reichlich Salzwasser zum Kochen bringen. Vom Chinakohl acht große Blätter abtrennen und nacheinander im kochenden Wasser 2–3 Minuten blanchieren. Die Blätter auf einem Küchentuch ausbreiten und die dicken Rippen flach schneiden.

3. Jeweils etwas Fischfarce als Häufchen in die Mitte eines Blattes setzen. Die Frühlingszwiebel waschen, putzen, in Ringe schneiden und darüber streuen. Zuerst die seitlichen Blattränder über die Füllung zur Mitte klappen, dann die untere und obere Seite zum Päckchen überschlagen. Mit Holzstäbchen zustecken.

4. In einem Fritiertopf das Fett auf 180° erhitzen. Die Speisestärke und das Mehl mischen. Die Päckchen zuerst darin, dann in den verquirlten Eiern wenden. Portionsweise in etwa 5 Minuten goldbraun ausbacken. Mit einer Schaumkelle herausheben, auf Küchenpapier abtropfen lassen. Mit einer fertig gekauften Chilisauce servieren.

Im Bild oben: Soufflé-Kartoffeln
Im Bild unten:
Fritierte Chinakohlpäckchen

Gefüllte Zucchiniblüten

Vom Frühsommer bis in den Oktober hinein treibt die Zucchinipflanze fortwährend prächtige gelbe Blüten mit anhängenden Baby-Früchtchen aus. Sie sind eine wahre Delikatesse, doch leider nur selten auf dem Markt zu kaufen. Daher sollten Sie die Blüten am besten beim Gemüse- oder Feinkosthändler vorbestellen, wenn Sie keinen eigenen Garten haben.

Zutaten für 4 Personen:
8 Zucchiniblüten mit jungen Früchten
150 g Hähnchenbrustfilet
2 kleine Frühlingszwiebeln
40 g Butter
Salz
schwarzer Pfeffer, frisch gemahlen
4 Eßl. Sahne
Saft und Schale von 1 unbehandelten Zitrone
1 Bund glatte Petersilie
3 Schalotten
2 Knoblauchzehen
50 ml trockener Weißwein
200 ml Hühnerfond (Fertigprodukt)
Zucker
100 g Crème double
100 g Cocktailtomaten
Für die Form: Fett

Für Gäste

Pro Portion etwa:
1400 kJ/330 kcal
12 g Eiweiß · 25 g Fett
8 g Kohlenhydrate

• Zubereitungszeit: etwa 1 Stunde

1. Die Zucchiniblüten ausschütteln und die Stempel entfernen. Die anhängenden kleinen Zucchini längs mehrmals einschneiden. Das Hähnchenfleisch kleinschneiden. Die Frühlingszwiebeln waschen, die Wurzeln und die grünen Teile entfernen, die Zwiebeln in feine Ringe schneiden.

2. 20 g Butter in einer Pfanne erhitzen, die Zwiebeln und das Fleisch darin anbraten, mit Salz und Pfeffer würzen. Mit der Sahne und 2 Eßlöffeln Zitronensaft aufgießen und im Mixer oder mit dem Schneidstab pürieren. Die Petersilie abspülen, trockenschütteln, fein hacken und untermischen.

3. Den Backofen auf 175° vorheizen. Eine ofenfeste Form einfetten. Die Farce mit einem Spritzbeutel in die Zucchiniblüten füllen, die Blüten an den Spitzen leicht zusammendrehen. In die Form legen und diese in die mit Wasser gefüllte Fettpfanne des Ofens (Mitte, Gas Stufe 2, Umluft 160°) stellen. Etwa 10 Minuten garen .

4. Die Schalotten und den Knoblauch schälen, hacken und in der übrigen Butter anbraten. Den restlichen Zitronensaft, den Wein und den Fond angießen, bei starker Hitze einkochen lassen. Mit Salz, Pfeffer, Zitronenschale und Zucker abschmecken, die Crème double einrühren. Mit den Blüten und Tomaten anrichten.

Artischocken mit Schinkenfüllung

Erst müssen Sie Blatt für Blatt mit den Fingern abzupfen (nur der untere, fleischige Teil ist eßbar), bevor Sie das Beste, die kleinen Blätter und den saftigen Boden samt der Füllung essen können.

Zutaten für 4 Personen:
2 Zitronen (eine davon unbehandelt)
4 mittelgroße Artischocken
2 Scheiben Toastbrot
2 Bund glatte Petersilie
1/2 Bund frischer Thymian (oder 1/2 Eßl. getrockneter Thymian)
6–8 Salbeiblätter (oder 1 Teel. getrockneter Salbei)
3 Knoblauchzehen · 3 Eßl. Kapern
50 g gekochter Schinken
8 Eßl. kaltgepreßtes Olivenöl
Salz
schwarzer Pfeffer, frisch gemahlen
1/4 l trockener Weißwein

Spezialität • Raffiniert

Pro Portion etwa:
1300 kJ/310 kcal
6 g Eiweiß · 19 g Fett
17 g Kohlenhydrate

- Zubereitungszeit: etwa 1 3/4 Stunden

Tip!

Wem das Zubereiten der ganzen Artischocken zu mühsam ist, kann auch auf Artischockenböden aus dem Glas zurückgreifen.

1. Den Saft beider Zitronen in einer Schüssel mit viel kaltem Wasser mischen. Die Artischocken waschen. Die Stiele abschneiden, 3–4 Reihen der äußeren Blätter und das obere Drittel wegschneiden. Die Blättchen und Härchen im Inneren herauszupfen, die Böden glattschneiden. Die Artischocken in das Zitronenwasser legen.

2. Den Backofen auf 200° vorheizen. Das Brot etwa 5 Minuten in Wasser einweichen. Die Petersilie, den Thymian und den Salbei abbrausen, die Blätter fein hacken. Die Knoblauchzehen schälen, zusammen mit den Kapern und dem Schinken ebenfalls sehr fein hacken.

3. Das Brot gut ausdrücken, die Kräuter, die Schinkenmischung und 6 Eßlöffel Olivenöl dazugeben. Alles gut durchmischen. Mit Salz, Pfeffer und der abgeriebenen Zitronenschale kräftig würzen.

4. Die Artischocken gut abtropfen lassen. In eine Auflaufform setzen. Die Füllung in die Mitte und zwischen die Blätter verteilen. Mit dem übrigen Olivenöl beträufeln, mit dem Wein umgießen. Mit Alufolie abdecken und etwa 45 Minuten in den Ofen (Mitte, Gas Stufe 3, Umluft 180°) stellen, dann offen weitere 15 Minuten garen.

Staudensellerie mit Erdnußpüree

Ein indonesisch inspiriertes Gericht, das sich prima für eine Vorspeisen-Tafel eignet.

Zutaten für 4 Personen:
125 g Schweinenacken
1 Schalotte
1 Knoblauchzehe
1 Eßl. Öl
1 Eßl. Sojasauce
1 Eßl. Weißweinessig
1/2 Teel. Zucker · Salz
schwarzer Pfeffer, frisch gemahlen
40 g salzige Erdnußcreme
1 Teel. Sambal oelek
4 Stangen Staudensellerie

Für Gäste • Raffiniert

Pro Portion etwa:
840 kJ/200 kcal
9 g Eiweiß · 16 g Fett
4 g Kohlenhydrate

- Zubereitungszeit: etwa 1 Stunde 10 Minuten
- Kühlzeit: etwa 30 Minuten

1. Das Fleisch würfeln. Die Schalotte und den Knoblauch schälen und fein hacken.

2. Das Öl in einem Topf erhitzen, die Fleischwürfel darin braun anbraten. Die Schalotten- und Knoblauchwürfel hinzufügen und glasig dünsten. Die Sojasauce, den Essig und 6 Eßlöffel Wasser angießen. Mit dem Zucker, Salz und Pfeffer würzen. Zugedeckt etwa 20 Minuten köcheln lassen.

3. Das Fleisch mit dem Pürierstab oder im Mixer fein zerkleinern. Die Erdnußcreme, das Sambal oelek und eventuell noch 2–3 Eßlöffel Wasser untermischen. Zugedeckt etwa 30 Minuten kühl stellen.

4. Den Sellerie putzen, waschen und in Stücke von etwa 5 cm schneiden, das Püree locker hineinstreichen. Mit dem Selleriegrün garnieren.

Gefüllte Weinblätter

Die mit Reis gefüllten »Dolmadakia« sind in Griechenland eine beliebte kalte Vorspeise.

Zutaten für 4 Personen:
1/2 Zwiebel
1 Eßl. Pinienkerne
4 Eßl. Olivenöl
50 g Rundkornreis
5 Minzeblätter
3 Zweige Dill
1 Eßl. Korinthen
Salz
schwarzer Pfeffer, frisch gemahlen
1 Zitrone
12 eingelegte Weinblätter in Salzlake (etwa 60 g)
200 g griechischer Joghurt

Gut vorzubereiten

Pro Portion etwa:
970 kJ/230 kcal
6 g Eiweiß · 14 g Fett
20 g Kohlenhydrate

- Zubereitungszeit: etwa 1 3/4 Stunden

1. Die Zwiebel schälen und sehr fein würfeln. Die Pinienkerne ohne Fett goldbraun rösten.

2. 1 Eßlöffel Olivenöl in einem Topf erhitzen. Die Zwiebelwürfel darin glasig dünsten. Den Reis unterrühren und etwa 3 Minuten unter Rühren andünsten. 100 ml heißes Wasser angießen und den Reis zugedeckt bei schwacher Hitze 8–10 Minuten quellen lassen.

3. Die Kräuter fein hacken. Mit den Pinienkernen und den Korinthen unter den Reis mischen. Alles mit Salz, Pfeffer und etwas Zitronensaft kräftig abschmecken, erkalten lassen.

4. Die Weinblätter gründlich abspülen, abtropfen lassen und die dicken Stengel entfernen. 12 gleich große Blätter mit der glänzenden Seite nach unten auf einem Küchentuch ausbreiten, jeweils 1 gehäuften Teelöffel Reismasse am Stielansatz darauf häufen. An beiden Seiten über der Füllung einschlagen und aufrollen.

5. Die Weinblätter dicht nebeneinander in einen breiten Topf legen. Den restlichen Zitronensaft und das übrige Olivenöl angießen, alles knapp mit Wasser bedecken. Zugedeckt bei sehr schwacher Hitze etwa 45 Minuten köcheln lassen. Mit dem Joghurt servieren.

Im Bild oben: Gefüllte Weinblätter
Im Bild unten: Staudensellerie mit Erdnußpüree

Paprika mit Couscous

Zutaten für 4 Personen:
150 g Couscous-Grieß
3/8 l Gemüsebrühe
je 3 grüne und gelbe Paprikaschoten
1 kleine Aubergine (etwa 200 g)
1 Zucchino (etwa 200 g)
2 Möhren (etwa 250 g)
1 Zwiebel · 1 Knoblauchzehe
4 Eßl. Öl · Salz
schwarzer Pfeffer, frisch gemahlen
2 Eier
1/2 Teel. Paprikapulver, rosenscharf
2 Eßl. Zitronensaft
1 Eßl. Minze, gehackt
1/2 l Tomatensaft

Raffiniert • Für Gäste

Pro Portion etwa:
1300 kJ/310 kcal
10 g Eiweiß · 10 g Fett
45 g Kohlenhydrate

- Zubereitungszeit: etwa 1 1/2 Stunden

1. Den Couscous mit 1/4 l kochender Brühe übergießen und quellen lassen. Von den Paprikaschoten einen Deckel abschneiden. Die Schoten putzen. Die Aubergine, den Zucchino und die Möhren waschen, putzen und sehr klein würfeln.

2. Die Zwiebel und den Knoblauch schälen und fein würfeln, in 2 Eßlöffeln Öl glasig dünsten. Das übrige Öl hinzufügen, die Gemüsewürfel darin 3–4 Minuten dünsten. Salzen und pfeffern, vom Herd nehmen.

3. Den Backofen auf 200° vorheizen. Den Couscous mit dem Gemüse sehr gründlich vermengen. Die Eier hinzufügen, mit dem Paprika, dem Zitronensaft und der Minze abschmecken. Die Couscous-Masse in die Paprikaschoten füllen.

4. Den Tomatensaft mit der übrigen Brühe in einer Auflaufform verrühren. Die Paprika samt den Deckeln hineinsetzen. Im Backofen (Mitte, Gas Stufe 3, Umluft 180°) in etwa 30 Minuten schmoren lassen.

Auberginen mit Dal

Dal ist ein scharf gewürztes dickes Linsenpüree.

Zutaten für 4 Personen:
4 mittelgroße Auberginen (etwa 1 kg)
4 Eßl. Zitronensaft · Salz
900 g Tomaten
1 Zwiebel · 1 Knoblauchzehe
1 haselnußgroßes Stück Ingwer
2 Eßl. Butterschmalz
1 Teel. Kurkuma (Gelbwurz)
1/2 Teel. Kreuzkümmel, gemahlen
Cayennepfeffer · 250 g rote Linsen
3/4 l Gemüsebrühe
1 Bund glatte Petersilie
4 Eßl. Crème fraîche
Für die Form: Öl

Spezialität aus Indien

Pro Portion etwa:
1200 kJ/290 kcal
7 g Eiweiß · 20 g Fett
18 g Kohlenhydrate

- Zubereitungszeit: etwa 1 3/4 Stunden

1. Die Auberginen waschen, längs halbieren und mit einem Löffel bis auf einen etwa 1 cm breiten Rand aushöhlen. Mit 2 Eßlöffeln Zitronensaft beträufeln, salzen und ziehen lassen. Das ausgelöste Auberginenfleisch klein würfeln.

2. Die Tomaten häuten, entkernen und klein würfeln. Die Zwiebel, den Knoblauch und den Ingwer schälen, hacken.

3. Das Schmalz erhitzen, den Knoblauch, den Ingwer, etwas Salz und die Gewürze darin kurz anrösten. Die Zwiebel, die Auberginenwürfel und 2 Eßlöffel Tomatenfleisch mitdünsten. Die Linsen einrühren, 1/2 l Brühe angießen. Zugedeckt bei schwacher Hitze etwa 20 Minuten kochen lassen.

4. Den Backofen auf 225° vorheizen. Eine große Gratinform einfetten.

5. Den Linsenbrei mit dem restlichen Zitronensaft und Salz würzen. Die Petersilie fein hakken. Die Hälfte unter den Brei heben, das Mus in die abgetupften Auberginen einfüllen. Je 1 Eßlöffel Crème fraîche auf die Auberginen geben. Das übrige Tomatenfleisch und die restliche Brühe drumherum verteilen. Die Auberginen zugedeckt im Ofen (Mitte, Gas Stufe 4, Umluft 200°) etwa 30 Minuten schmoren. Mit der übrigen Petersilie bestreuen.

Im Bild oben: Auberginen mit Dal
Im Bild unten: Paprika mit Couscous

Tomaten mit Bulgur

Bulgur finden Sie in Bioläden und türkischen Läden.

Zutaten für 4 Personen:
4 große Fleischtomaten (etwa 1 kg)
Salz · 1 Zwiebel
2 Eßl. Öl · 200 g Bulgur
300 ml kräftige Gemüsebrühe
schwarzer Pfeffer, frisch gemahlen
1 Bund frische Kräuter wie Basilikum, Oregano, Petersilie, Schnittlauch, Thymian
2 Eier · 3 Eßl. Crème fraîche
50 g Sojasprossen
1–2 Eßl. Zitronensaft
Für die Form: Fett

Gut vorzubereiten

Pro Portion etwa:
970 kJ/230 kcal
9 g Eiweiß · 16 g Fett
14 g Kohlenhydrate

- Zubereitungszeit: etwa 1 1/4 Stunden

1. Die Tomaten waschen, quer halbieren und mit einem Löffel aushöhlen, das Innere salzen. 100 g Fruchtfleisch klein würfeln und beiseite legen. Den Rest im Mixer fein pürieren.

2. Die Zwiebel schälen, würfeln und in dem Öl glasig braten. Den Bulgur unter Rühren etwa 3 Minuten kräftig mitrösten. Das Tomatenpüree und die Brühe angießen. Den Bulgur salzen und pfeffern. Zugedeckt bei sehr schwacher Hitze in etwa 15 Minuten ausquellen lassen.

3. Die Kräuter fein hacken. Die Eier trennen. Die Eigelbe, die Crème fraîche, die Kräuter, die Sprossen und die Tomatenwürfel unter den Bulgur rühren. Mit dem Zitronensaft, Salz und Pfeffer abschmecken.

4. Den Backofen auf 200° vorheizen. Eine Gratinform einfetten, die Tomatenhälften hineinsetzen. Die Eiweiße steif schlagen, unter die Bulgurmasse heben und in die Tomaten füllen. Im Backofen (Mitte, Gas Stufe 3, Umluft 180°) etwa 20 Minuten backen.

Zucchini mit Kartoffeln

Zutaten für 4 Personen:
300 g mehligkochende Kartoffeln
Salz · 4 Zucchini (je etwa 250 g)
4 Eßl. Öl · 150 g kleine Egerlinge
3 Frühlingszwiebeln (etwa 100 g)
1 Zwiebel
1 Knoblauchzehe
1 Teel. Thymianblättchen
schwarzer Pfeffer, frisch gemahlen
Muskatnuß, frisch gerieben
60 g Butter
1 Eßl. Zitronensaft · 1 Ei
50 g Weizen-Vollkornmehl
1/2 Bund Schnittlauch
2 Eßl. Parmesan, frisch gerieben

Gelingt leicht

Pro Portion etwa:
1900 kJ/450 kcal
13 g Eiweiß · 32 g Fett
27 g Kohlenhydrate

- Zubereitungszeit: etwa 1 Stunde

1. Die Kartoffeln waschen und in Salzwasser knapp gar kochen. Die Zucchini längs halbieren und bis auf etwa 1 cm aushöhlen. Das Fruchtfleisch hacken. Die Zucchinihälften in 2 Eßlöffeln Öl kurz anbraten, salzen.

2. Die Pilze abspülen und feinblättrig schneiden. Die Frühlingszwiebeln waschen, putzen und in dünne Ringe schneiden. Die Zwiebel und den Knoblauch schälen und fein hacken.

3. Das übrige Öl erhitzen, die Zwiebel und den Knoblauch glasig dünsten. Das Zucchinifleisch, die Pilze und die Frühlingszwiebeln mit dem Thymian etwa 3 Minuten mitdünsten. Mit Salz, Pfeffer und Muskat würzen.

4. Die Kartoffeln heiß pellen und durch die Kartoffelpresse drücken. Mit 50 g Butter, dem Zitronensaft, dem Ei und dem Mehl verrühren. Den Schnittlauch in feine Röllchen schneiden. Mit der Pilzmischung unter die Kartoffelfarce mischen, abschmecken. Diese in die Zucchini füllen, mit dem Parmesan bestreuen.

5. Den Backofen auf 200° vorheizen. Die Zucchini in eine gefettete Gratinform setzen. Mit der übrigen Butter flöckchenweise belegen. Im Backofen (Mitte, Gas Stufe 3, Umluft 180°) etwa 20 Minuten backen.

Im Bild oben: Zucchini mit Kartoffeln
Im Bild unten: Tomaten mit Bulgur

Kohlrabi mit Spinat-Hirse

Ein leichtes Essen, zu dem ein Tomatensalat besonders gut schmeckt. Nach diesem Rezept können Sie auch Gemüsezwiebeln zubereiten.

Zutaten für 4 Personen:
150 g gefrorener Blattspinat
4 Kohlrabi (etwa 1 kg)
Salz
2 Schalotten
2 Knoblauchzehen
2 Eßl. Öl
100 g Hirse
2 Teel. körnige Gemüsebrühe
1 Ei
100 g mittelalter Gouda, frisch gerieben
1 Eßl. Sojasauce
schwarzer Pfeffer, frisch gemahlen
150 g Vollmilch-Joghurt
200 g saure Sahne
2 Eßl. Zitronensaft
2 Bund Dill

Gelingt leicht

Pro Portion etwa:
1700 kJ/400 kcal
20 g Eiweiß · 21 g Fett
33 g Kohlenhydrate

- Zubereitungszeit: etwa 1 3/4 Stunden (davon 30 Minuten Backzeit)

Tip!

Die Hirse können Sie auch durch geschroteten Grünkern oder Buchweizen ersetzen.

1. Den Spinat auftauen lassen. Die Kohlrabi schälen, quer halbieren und in Salzwasser etwa 15 Minuten kochen lassen. Mit einer Schaumkelle herausnehmen, 1/2 l Kochwasser beiseite stellen. Die Kohlrabi mit einem Kugelausstecher oder Löffel bis auf einen etwa 1 cm breiten Rand aushöhlen. 150 g Kohlrabifleisch klein würfeln.

2. Die Schalotten schälen und fein würfeln, den Knoblauch abziehen und zerdrücken, beides im Öl glasig dünsten. Die Hirse hinzufügen und unter Rühren etwa 3 Minuten rösten. Mit 1/4 l Kohlrabikochwasser ablöschen, das Brühpulver einrühren. Zugedeckt etwa 20 Minuten quellen lassen.

3. Den Backofen auf 200° vorheizen. Den Spinat, das gewürfelte Kohlrabifleisch, das Ei und den Käse (2 Eßlöffel beiseite legen) unter die Hirse mischen. Mit der Sojasauce, Salz und Pfeffer würzen. In die Kohlrabi füllen, diese in eine Gratinform setzen, mit dem übrigen Käse bestreuen. 1/4 l Kohlrabiwasser angießen.

4. Die Kohlrabi im Ofen (Mitte, Gas Stufe 3, Umluft 180°) etwa 30 Minuten backen. Inzwischen den Joghurt, die saure Sahne und den Zitronensaft cremig rühren, salzen und pfeffern. Den Dill abspülen, trockenschleudern und fein hacken, unter die Sauce rühren. Getrennt zu den Kohlrabi servieren.

Zwiebeln mit Bohnenpüree

Die kräftig gewürzte rote Bohnenfüllung ist die »Beilage« und paßt gut zum milden Aroma der Gemüsezwiebeln und zum sahnigen Paprikagemüse.

Zutaten für 4 Personen:
6 Gemüsezwiebeln (je etwa 300 g)
Salz
2 Dosen rote Bohnen (je 250 g Abtropfgewicht)
1 Knoblauchzehe
2 Eßl. Aceto balsamico (Balsamessig)
1 Teel. Paprikapulver, edelsüß
Cayennepfeffer
schwarzer Pfeffer, frisch gemahlen
2 Eier
75 g Vollkorn-Semmelbrösel
1 gelbe Paprikaschote (etwa 200 g)
2 Eßl. Butter
150 g Crème fraîche
2 Teel. körnige Gemüsebrühe
2 Eßl. Schnittlauchröllchen

Preiswert

Pro Portion etwa:
3600 kJ/860 kcal
36 g Eiweiß · 25 g Fett
110 g Kohlenhydrate

- Zubereitungszeit: etwa 2 Stunden

1. Die Zwiebeln schälen, in Salzwasser etwa 25 Minuten garen, herausnehmen. 3/8 l Kochwasser beiseite stellen. Von den Zwiebeln Deckel abschneiden, das Innere kreuzweise einschneiden und mit einer Gabel bis auf zwei bis drei Randschichten herausnehmen. Das Zwiebelinnere und die Deckel klein würfeln.

2. Die Bohnen kalt abspülen und gut abtropfen lassen. Mit 150 g gewürfeltem Zwiebelfleisch pürieren. Den gepreßten Knoblauch, den Essig, das Paprikapulver, Cayennepfeffer, Pfeffer und Salz hinzufügen und alles mit den Eiern und den Bröseln mischen. Mit einem Spritzbeutel oder Löffel in die Zwiebeln füllen.

3. Den Backofen auf 200° vorheizen. Die Paprikaschote waschen, putzen und fein würfeln. Mit dem übrigen Zwiebelfleisch in der Butter andünsten. Das beiseite gestellte Zwiebelkochwasser angießen. Die Crème fraîche und das Brühpulver einrühren, aufkochen lassen. 1 Eßlöffel Schnittlauch untermischen.

4. Das Paprikagemüse in einer Gratinform verteilen, die Zwiebeln darauf setzen. Im Backofen (Mitte, Gas Stufe 3, Umluft 180°) etwa 30 Minuten garen. Mit dem restlichen Schnittlauch bestreut servieren.

Sellerie mit Buchweizen

Zutaten für 4 Personen:
2 große Sellerieknollen (etwa 1,5 kg)
Salz · 1 Zwiebel · 2 Eßl. Öl
100 g Buchweizengrütze
5/8 l Gemüsebrühe
schwarzer Pfeffer, frisch gemahlen
1 Möhre (etwa 100 g)
1 kleiner Lauch (etwa 100 g)
2–3 Eßl. Zitronensaft
1 Scheibe Vollkorntoast, gewürfelt
30 g Haselnußkerne, gehackt
1 Bund glatte Petersilie, gehackt
1 Eiweiß · 125 g Crème fraîche

Braucht etwas Zeit

Pro Portion etwa:
1600 kJ/380 kcal
12 g Eiweiß · 20 g Fett
36 g Kohlenhydrate

- Zubereitungszeit: etwa 1 1/2 Stunden

1. Den Sellerie waschen, quer halbieren und in Salzwasser etwa 30 Minuten garen. Die Zwiebel abziehen, fein würfeln und in dem Öl glasig braten. Den Buchenweizen kurz mitrösten. 1/4 l heiße Brühe einrühren, zugedeckt bei schwacher Hitze etwa 15 Minuten ausquellen lassen, salzen und pfeffern.

2. Die Möhre schälen und würfeln. Den Lauch putzen und in Ringe schneiden.

3. Den Backofen auf 200° vorheizen. Den Sellerie schälen und bis auf einen etwa 1 1/2 cm breiten Rand aushöhlen. Mit dem Zitronensaft, Salz und Pfeffer würzen. Die Hälfte des ausgelösten Selleries klein würfeln.

4. Das kleingeschnitte Gemüse in einer Auflaufform verteilen. Die Selleriehälften darauf setzen, die Grütze hineinfüllen. Die übrige Brühe angießen. Zugedeckt im Backofen (Mitte, Gas Stufe 3, Umluft 180°) etwa 20 Minuten backen.

5. Das Brot, die Nüsse und die Hälfte der Petersilie mischen, salzen und pfeffern. Das Eiweiß unterrühren. Die Nußmischung auf den Sellerie streichen, in weiteren 10 Minuten krustig überbacken.

6. Den Sellerie aus der Form nehmen. Das Gemüse mit der Crème fraîche einmal aufkochen lassen, mit der restlichen Petersilie bestreut zum Sellerie reichen.

Mexikanische Folienkartoffeln

Zutaten für 4 Personen:
8 gleich große Kartoffeln (etwa 2 kg)
1 rote Paprikaschote (etwa 200 g)
100 g Maiskörner aus der Dose
2 Stangen Staudensellerie
200 g Gorgonzola · Salz
schwarzer Pfeffer, frisch gemahlen
1 Teel. getrockneter Oregano
8 Teel. scharfe Chilisauce
Außerdem: Alufolie und Öl

Gelingt leicht

Pro Portion etwa:
2500 kJ/600 kcal
20 g Eiweiß · 22 g Fett
76 g Kohlenhydrate

- Zubereitungszeit: etwa 1 1/2 Stunden (davon 1 1/4 Stunden Backzeit)

1. Den Backofen auf 225° vorheizen. Die Kartoffeln waschen und abtrocknen. Mehrmals mit einer Gabel einstechen.

2. Acht Stücke Alufolie auf der glänzenden Seite mit Öl bepinseln. Darin jeweils 1 Kartoffel einwickeln. Auf einem Blech im Ofen (Mitte, Gas Stufe 4, Umluft 200°) etwa 1 1/4 Stunden backen.

3. Die Paprikaschote waschen, putzen und in kleine Würfel schneiden. Den Mais abtropfen lassen. Den Staudensellerie waschen und in feine Scheibchen schneiden. Den Käse würfeln. Alles mischen, mit Salz, Pfeffer und Oregano würzen.

4. Von den Kartoffeln jeweils einen flachen Deckel abschneiden, das Innere bis auf einen etwa 1 cm breiten Rand herauslösen. Je 1 Teelöffel Chilisauce hineingeben, die Gemüsemischung darauf verteilen. Nochmals für 3–4 Minuten in den heißen Ofen schieben, bis der Käse schmilzt.

Im Bild oben:
Sellerie mit Buchweizen
Im Bild unten:
Mexikanische Folienkartoffeln

Spitzkohlrouladen auf Currysahne

Ein Putenschnitzel ist die passende Ergänzung zu diesem sommerlich-sanften Kohlessen.

Zutaten für 4 Personen:
200 g Natur- und Wildreismischung
Salz
1 mittelgroßer Spitzkohl (etwa 800 g)
30 g Sonnenblumenkerne
30 g Mandeln, gehackt
1 große Zwiebel (etwa 100 g)
1 walnußgroßes Stück frischer Ingwer (oder 1 Teel. Ingwerpulver)
1 mittelgroßer Apfel
60 g Butter
1 1/2 gehäufte Eßl. Currypulver
schwarzer Pfeffer, frisch gemahlen
2 Eier
1/2 l Gemüsebrühe
250 g Sahne

Gut vorzubereiten

Pro Portion etwa:
2900 kJ/690 kcal
15 g Eiweiß · 45 g Fett
56 g Kohlenhydrate

- Zubereitungszeit: etwa 1 1/4 Stunden

1. Den Reis in 1/2 l kochendem Salzwasser bei schwacher Hitze in etwa 25 Minuten ausquellen lassen.

2. Inzwischen den Spitzkohl waschen, die äußeren acht großen Blätter ablösen und in reichlich siedendem Salzwasser 4–5 Minuten blanchieren. Herausnehmen, kalt abschrecken und abtropfen lassen. Die Blätter auf einem Küchentuch ausbreiten und die Mittelrippen von beiden Seiten flach schneiden. Den restlichen Spitzkohl vierteln, den Strunk entfernen und den Kohl in sehr feine Streifen schneiden.

3. Die Sonnenblumenkerne und die Mandeln in einer Pfanne ohne Fett goldbraun rösten. Die Zwiebel schälen, halbieren und in dünne Ringe schneiden. Den Ingwer schälen und sehr fein würfeln. Den Apfel schälen, vierteln, entkernen und in kleine Stücke schneiden.

4. Die Hälfte der Butter in einer breiten Pfanne erhitzen. Die Zwiebel, den Ingwer und 150 g Spitzkohlstreifen darin 2–3 Minuten anbraten. Die Apfelstücke hinzufügen, alles weitere 2 Minuten dünsten. 1 Teelöffel Curry darüber stäuben, salzen und pfeffern.

5. Die Pfanne vom Herd nehmen und den Inhalt in eine Schüssel umschütten. Den Reis, die Sonnenblumenkerne, die Mandeln und die Eier unterheben. Die Mischung kräftig abschmecken.

6. Die Spitzkohlblätter nacheinander in eine Schöpfkelle drücken. Je ein Achtel der Füllung hineingeben, die überstehenden Ecken darüber zusammenklappen.

7. In einem breiten Topf die übrige Butter erhitzen, die restlichen Spitzkohlstreifen darin kurz andünsten. Mit 1 Eßlöffel Curry bestäuben, unter Rühren anschwitzen. Die Brühe angießen, aufkochen lassen und die Rouladen mit der zusammengeschlagenen Seite nach unten in den Topf legen. Zugedeckt bei mittlerer Hitze 6–8 Minuten garen, dabei einmal wenden. Die Rouladen herausnehmen und warm stellen.

8. Die Spitzkohlstreifen samt der Brühe mit dem Schneidstab fein pürieren, eventuell durch ein Sieb streichen. Das Gemüsepüree erneut aufkochen lassen, die Sahne einrühren und 3–5 Minuten durchkochen lassen. Mit Salz, Pfeffer und dem restlichen Curry abschmecken. Die Sauce auf Tellern anrichten, darauf die Spitzkohlrouladen legen.

Tip!

Spitzkohl ist viel zarter, feiner und aromatischer im Geschmack als Weißkohl. Und er läßt sich in viel kürzerer Zeit zubereiten als andere Kohlsorten. Doch leider dauert seine kurze Saison nur von April bis Juli. Nehmen Sie außerhalb dieser Zeit einfach jungen Weißkohl, zarten Frühlings- oder Sommerwirsing.

Ein besonders feines, aromatisches Kohlgericht, das Fleisch in der Füllung bestimmt nicht vermissen läßt.

Mangold-röllchen mit Grünkern

Auf zweierlei Art wird der Mangold als Gemüse genutzt: Die grünen Blätter, die dem Spinat ähnlich sind, eignen sich prima als Hülle. Und die weißen Stengel werden kleingeschnitten für Füllung und Sauce verwendet.

Zutaten für 4 Personen:
1 kg Mangold
Salz · 1 Möhre (etwa 125 g)
1 Zwiebel
3 Eßl. Butter
200 g Grünkern, geschrotet
gut 1/2 l Gemüsebrühe
schwarzer Pfeffer, frisch gemahlen
1 Bund Petersilie
3 Zweige Basilikum
60 g Vollkornbrösel
4 Eßl. Tahin (Sesampaste aus dem Glas, in türkischen Lebensmittelgeschäften erhältlich)
2 Eier
Cayennepfeffer
2 Teel. Zitronensaft
250 g Sahne
2 gestrichene Teel. Speisestärke

Raffiniert • Braucht etwas Zeit

Pro Portion etwa:
2900 kJ/690 kcal
22 g Eiweiß · 41 g Fett
54 g Kohlenhydrate

- Zubereitungszeit: etwa 1 1/2 Stunden

1. Die Mangoldblätter vom Strunk abtrennen und waschen, die weißen Blattstiele abschneiden und beiseite legen. 10–12 große Blätter etwa 1/2 Minute in kochendes Salzwasser geben, dann kalt abschrecken und auf Küchenpapier nebeneinander auslegen, die dicken Mittelrippen flach schneiden. Die übrigen kleineren Mangoldblätter fein hacken und für die Füllung beiseite legen. Die Mangoldstiele wie Rhabarber abziehen, die Hälfte davon in feine Streifen schneiden, die andere Hälfte fein würfeln.

2. Die Möhre schälen und in sehr kleine Würfel schneiden. Die Zwiebel schälen, fein würfeln und in 1 Eßlöffel Butter andünsten. Die gewürfelten Möhren und Mangoldstiele hinzufügen und unter Rühren etwa 3 Minuten andünsten. Den Grünkern dazugeben, kurz mitdünsten. Mit 300 ml heißer Brühe aufgießen, mit Salz und Pfeffer würzen. Den Grünkern bei schwacher Hitze zugedeckt etwa 10 Minuten ausquellen lassen.

3. Inzwischen die Petersilie waschen, trockenschütteln und fein hacken. Das Basilikum kleinschneiden. Den Schrotbrei etwas abkühlen lassen, die Kräuter, die gehackten Mangoldblätter, die Vollkornbrösel und die Sesampaste unter den Grünkern heben, dann die Eier unterrühren. Alles mit Salz, Pfeffer, 1 Prise Cayennepfeffer und dem Zitronensaft abschmecken.

4. Die Füllung auf die Mangoldblätter verteilen, große Blätter eventuell vorher längs halbieren. Die Blätter wie Kohlrouladen aufrollen.

5. Die übrige Butter in einem breiten Topf erhitzen, die Röllchen darin sanft anbraten, wieder herausnehmen. Dann die Mangoldstiele andünsten, mit der übrigen Brühe ablöschen, die Sahne (3 Eßlöffel vorher abnehmen) einrühren. Die Röllchen einlegen und zugedeckt bei mittlerer Hitze etwa 10 Minuten schmoren lassen.

6. Die Röllchen aus dem Topf nehmen und warm stellen. Die Speisestärke mit der übrigen Sahne verrühren, in die Sauce einrühren und köcheln lassen, bis sie gebunden ist. Die Mangoldröllchen in der Sauce servieren.

Tip!

Statt des geschroteten Grünkerns können Sie ebensogut Hirse, Buchweizen- oder Hafergrütze als Grundlage für die Füllung nehmen. Auch Quinoa (sprich: Kienwa), eine wertvolle Körnerfrucht aus Südamerika, eignet sich dafür: Die winzigen Samen müssen nur etwa 20 Minuten quellen und verleihen der Farce einen dezent nussigen Geschmack.

Mangold und Grünkern – zwei Zutaten mit einem besonderen, aber aparten Geschmack – gehen hier eine harmonische Verbindung ein.

Kohlrouladen

Weißkohl und Hackfleisch gehören immer in dieses Gericht. Verfeinerungen wie getrocknete Steinpilze, Liebstöckel oder Senf in der Füllung sind hingegen eine kulinarische Kür. Dazu paßt Kartoffelpüree.

Zutaten für 4 Personen:
10 g getrocknete Steinpilze
1 Brötchen vom Vortag
1/8 l Milch
1 Weißkohl (etwa 1,2 kg)
Salz
400 g gemischtes Hackfleisch
75 g durchwachsener Räucherspeck
3 Eßl. Öl
1 Zwiebel
1 Ei
1 Bund glatte Petersilie
schwarzer Pfeffer, frisch gemahlen
1/2 Teel. getrockneter Thymian
1 Möhre (etwa 100 g)
1/4 l Fleischbrühe
1 Eßl. Tomatenmark
150 g saure Sahne
Zum Umwickeln: Küchengarn

Berühmtes Rezept

Pro Portion etwa:
2700 kJ/640 kcal
32 g Eiweiß · 46 g Fett
26 g Kohlenhydrate

- Zubereitungszeit: etwa 1 1/2 Stunden

1. Die Pilze abspülen, mit 1/8 l heißem Wasser begießen. Das Brötchen würfeln, in der heißen Milch einweichen. Den Strunk des Kohls keilförmig herausschneiden. In einem Topf 2 l Salzwasser zum Kochen bringen. Den Kohl mit dem Strunkende nach oben hineinlegen, zugedeckt etwa 15 Minuten köcheln lassen.

2. Den Kohl mit einer Fleischgabel im Topf oder auf der Arbeitsfläche festhalten, mit einer anderen Gabel vorsichtig die äußeren Blätter einzeln ablösen – je nach Größe vier große oder acht kleine. (Die Blätter noch kurz weitergaren, falls sie zu fest sind.) Auf Küchenpapier abtropfen und abkühlen lassen.

3. Die Kohlblätter nebeneinander auf die Arbeitsfläche legen und die dicken Mittelrippen flach schneiden, damit sich die Blätter besser biegen lassen.

4. Das Hackfleisch in eine Schüssel geben. Den Speck in kleine Würfel schneiden und in 1 Eßlöffel heißem Öl in einem breiten Topf knusprig braten, auf Küchenpapier abtropfen lassen. Die Zwiebel schälen und hacken. Im Speckfett unter Rühren glasig dünsten, mit den Speckwürfeln unter das Hackfleisch mischen.

5. Das Brötchen ausdrücken, die Steinpilze abtropfen lassen (das Einweichwasser aufheben) und fein hacken. Beides mit dem Hackfleisch und dem Ei gründlich verkneten. Die Petersilie waschen und trockenschütteln, die Hälfte davon fein hacken und unter das Hackfleisch mischen. Mit Salz, Pfeffer und dem Thymian würzen.

6. Die Kohlblätter flach ausbreiten, die Füllung darauf verteilen. Die Seiten der Blätter über der Füllung einschlagen, die Blätter zu Rouladen aufrollen. Mit Küchengarn umwickeln.

7. Das restliche Öl zum Speckfett in den Topf geben und heiß werden lassen. Die Kohlrouladen darin rundum anbraten. Die Möhre schälen, in Stifte schneiden und kurz mitdünsten. Die Pilzflüssigkeit und die Brühe angießen. Zugedeckt bei schwacher Hitze etwa 30 Minuten schmoren lassen. Die restliche Petersilie hacken.

8. Die fertigen Rouladen aus dem Topf nehmen. Das Tomatenmark in die Brühe rühren und etwa 2 Minuten bei starker Hitze einkochen lassen. Die Sauce vom Herd nehmen, die saure Sahne einrühren, nicht mehr kochen lassen. Mit Salz und Pfeffer abschmecken, die übrige Petersilie einstreuen.

Tips!

Für Kohlrouladen brauchen Sie nur die äußeren Blätter, also rund 500 g Weißkohl. Die Köpfe wiegen aber meist das Doppelte, oft sogar mehr. Kein Problem: Als Ganzes in Folie gewickelt, bleiben die verkleinerten Kohlköpfe im Gemüsefach des Kühlschranks mindestens eine Woche lang frisch.
Wenn Sie Rot- statt Weißkohl nehmen, sollten Sie in Salzwasser mit 3 Eßlöffeln Essig kochen, damit er sich nicht blau verfärbt.
So entsteht daraus ein schmackhafter Krautsalat: Den Kopf je nach Größe vierteln oder achteln, dann die Strunkteile entfernen und die Kohlteile in sehr dünne Streifen schneiden oder fein hobeln. Er ist dann leichter verdaulich. Die Kohlraspel in eine Schüssel geben, mit Salz bestreuen und mit einem Kartoffelstampfer weich stampfen. 30 Minuten durchziehen lassen. Mit kochendheißem Essigwasser mit Kümmel übergießen und mit Pfeffer würzen. In Öl knusprig gebratene Speckwürfel zum Schluß aufstreuen.
Übrigens sollten Sie Weißkohl immer sparsam salzen. Er hat von Natur aus einen hohen Kochsalz-(Natrium-) Gehalt. Außerdem enthält er reichlich Kalium und Kalzium und Vitamine, vor allem B_1, B_2 und C.

Asiatische Chinakohl-rouladen

Zutaten für 4 Personen:
1 Chinakohl (etwa 1 kg)
Salz · 250 g Möhren
4 Frühlingszwiebeln (etwa 150 g)
150 g Sojasprossen, frisch oder aus dem Glas oder der Dose
1 walnußgroßes Stück Ingwer
300 g Rinderfilet
1 Eßl. trockener Sherry
3–4 Eßl. Sojasauce · 1 Ei
schwarzer Pfeffer, frisch gemahlen
30 g Sesamsamen
4 Eßl. Öl · 1 Knoblauchzehe
1/8 l Fleischbrühe
200 g tiefgefrorene Erbsen
1 Teel. Speisestärke
Zum Umwickeln: Küchengarn

Für Gäste

Pro Portion etwa:
1400 kJ/330 kcal
27 g Eiweiß · 18 g Fett
18 g Kohlenhydrate

• Zubereitungszeit: etwa 1 Stunde 10 Minuten

1. Die zwölf äußeren Kohlblätter abtrennen, portionsweise in kochendem Salzwasser etwa 2 Minuten blanchieren. Herausnehmen, kalt abschrecken. Abtropfen lassen, die Rippen der Blätter flach schneiden.

2. Inzwischen den restlichen Kohl in etwa 1 cm breite Streifen schneiden, den Strunk dabei entfernen. Die Möhren schälen und schräg in dünne Scheiben schneiden. Die Frühlingzwiebeln waschen und putzen, in feine Ringe schneiden. Die Sojasprossen abspülen und abtropfen lassen. Den Ingwer schälen und sehr klein würfeln.

3. Das Fleisch in feine Streifchen schneiden, mit dem Ingwer und je einem Drittel der Sprossen und Frühlingszwiebeln mischen. Den Sherry, 1 Eßlöffel Sojasauce und das Ei unterrühren, salzen und pfeffern. Die Mischung auf die Blätter verteilen, erst die Seiten zur Mitte hin einschlagen, dann zu Rouladen aufrollen. Mit Küchengarn umwickeln.

4. Den Sesam in einem breiten Topf ohne Fett goldbraun rösten, herausnehmen. 2 Eßlöffel Öl erhitzen, die Rouladen darin von beiden Seiten etwa 3 Minuten anbraten, herausnehmen.

5. Das übrige Öl im Topf erhitzen, die Knoblauchzehe schälen und dazupressen. Die Chinakohlstreifen und die Möhren hinzufügen, unter Wenden etwa 3 Minuten anbraten. Mit der heißen Brühe ablöschen, aufkochen lassen. Die Rouladen daraufgeben. Zugedeckt bei schwacher Hitze etwa 10 Minuten schmoren lassen.

6. Die Rouladen aus dem Topf nehmen, das Küchengarn entfernen und die Rouladen warm stellen. Die Erbsen, die restlichen Sojasprossen und die Frühlingszwiebeln hinzufügen und zugedeckt noch etwa 4 Minuten köcheln lassen.

7. Die Speisestärke mit 3 Eßlöffeln Wasser glattrühren, zum Gemüse gießen und einmal aufkochen lassen, bis es gebunden ist. Mit Salz, Pfeffer und Sojasauce abschmecken. Die Rouladen mit dem Gemüse anrichten, den gerösteten Sesam aufstreuen.

Varianten:
Anstelle des Chinakohls können Sie auch die entsprechende Menge Mangold nehmen. Dafür sollten Sie die weißen Stengel abtrennen, diese in feine Streifen schneiden und mit den Möhren dünsten. Das Grüne des Mangolds wird als Hülle verwendet und vor dem Einwickeln etwa 1 Minute blanchiert. Übriges Mangoldgrün schneiden Sie in Streifen und dünsten es erst am Schluß mit.

Ein raffiniertes Gericht auf chinesische Art. Als Beilage paßt am besten asiatischer Klebreis, auch Eßstäbchenreis genannt.

Wirsingsäckchen

Zutaten für 5 Personen:
40 g Cornflakes
4 Eßl. Sahne · Salz
1 Wirsing (etwa 1,5 kg)
150 g kleine Suppennudeln
3 Wiener Würstchen (etwa 200 g)
3 Frühlingszwiebeln (etwa 100 g)
100 g Maiskörner aus der Dose
2 Eier
schwarzer Pfeffer, frisch gemahlen
1 Zwiebel · 2 Eßl. Öl
1 große Dose Tomaten (Abtropfgewicht 800 g)
2 Eßl. Tomatenmark · 1 Prise Zucker
Zum Zubinden: Küchengarn

Schmeckt Kindern

Pro Portion etwa:
2000 kJ/480 kcal
24 g Eiweiß · 20 g Fett
47 g Kohlenhydrate

- Zubereitungszeit: etwa 1 1/2 Stunden

1. Die Cornflakes zerbröseln und in der Sahne einweichen. 2 l Salzwasser aufkochen lassen. Die äußeren zehn Wirsingblätter abschneiden, etwa 3 Minuten blanchieren, herausheben, abschrecken und abtropfen lassen. Die Nudeln im Wirsingwasser in etwa 6 Minuten bißfest garen, in einem Sieb abtropfen lassen.

2. Die Würstchen vierteln und in dünne Scheiben schneiden. Die Frühlingszwiebeln in feine Ringe schneiden. Den Mais abtropfen lassen. Alles mit den Nudeln mischen. Die Cornflakes und die Eier untermengen. Salzen und pfeffern.

3. Die Wirsingblätter ausbreiten, die Rippen flach schneiden. Die Nudelmasse darauf verteilen. Die Blätter über der Füllung zusammenlegen und mit Küchengarn zubinden.

4. Die Zwiebel abziehen, fein hacken und im heißen Öl glasig dünsten. Die Tomaten samt dem Saft durch ein Sieb dazupassieren, das Tomatenmark einrühren. Die Sauce etwa 5 Minuten köcheln lassen. Mit Salz, Pfeffer und Zucker würzen. Die Wirsingsäckchen hineinsetzen, zugedeckt bei schwacher Hitze etwa 30 Minuten schmoren lassen.

Zwiebeln mit Pilzfüllung

Zutaten für 4 Personen:
8 Gemüsezwiebeln (etwa 2,5 kg)
Salz · 400 g Putenbrustfilet
600 g kleine Champignons
2 Dosen Pfifferlinge (je 120 g Abtropfgewicht)
2 Eßl. Öl · 2 Eßl. Butter
schwarzer Pfeffer, frisch gemahlen
2 Teel. getrockneter Thymian
2–3 Teel. Zitronensaft
500 g Sahne
2 Bund glatte Petersilie, gehackt
8 Teel. Schmant

Gelingt leicht • Für Gäste

Pro Portion etwa:
1960 kJ/460 kcal
38 g Eiweiß · 18 g Fett
40 g Kohlenhydrate

- Zubereitungszeit: etwa 1 3/4 Stunden

1. Die Zwiebeln schälen, unzerteilt in kochendem Salzwasser 25–30 Minuten garen. Jeweils einen Deckel abschneiden, das Innere bis auf zwei bis drei Randschichten herauslösen, kleinschneiden.

2. Das Fleisch in feine Streifen schneiden. Die Champignons kleinschneiden. Die Pfifferlinge abtropfen lassen.

3. Das Öl und die Butter in einer Pfanne erhitzen. Erst das Fleisch kurz anbraten, dann das Zwiebelinnere. Die Pilze etwa 3 Minuten mitdünsten. Salzen und pfeffern, mit dem Thymian und dem Zitronensaft würzen. 8 Eßlöffel Sahne angießen. Die Petersilie bis auf 2 Eßlöffel untermischen. Die Masse in die Zwiebeln füllen, diese in eine große ofenfeste Form setzen. Übrige Füllung drumherum verteilen.

4. Den Backofen auf 200° vorheizen. Den Schmant auf die Zwiebeln geben. Diese im Ofen (Mitte, Gas Stufe 3, Umluft 180°) etwa 25 Minuten garen. Nach etwa 20 Minuten die übrige Sahne in die Form gießen. Mit Petersilie bestreut servieren.

Im Bild oben: Zwiebeln mit Pilzfüllung
Im Bild unten: Wirsingsäckchen

Gefüllter Wirsing

Ein preiswertes und dennoch wirkungsvolles Essen für Gäste. Dazu paßt am besten selbstgemachtes Kartoffelpüree.

Zutaten für 6 Personen:
Salz
1 Wirsing (etwa 1,2 kg)
2 Brötchen vom Vortag
150 g Kalbsleber
600 g gemischtes Hackfleisch
3 Zwiebeln (etwa 300 g)
2 Knoblauchzehen
1 Bund glatte Petersilie
2 Eier
schwarzer Pfeffer, frisch gemahlen
1 Teel. Paprikapulver, edelsüß
abgeriebene Schale von 1/2 unbehandelten Zitrone
2 Eßl. Öl
2 Eßl. Tomatenmark
1/2 l Fleischbrühe
150 g Bacon (dänischer Frühstücksspeck) in dünnen Scheiben
Zum Zubinden: Küchengarn

Für Gäste
Braucht etwas Zeit

Pro Portion etwa:
2600 kJ/620 kcal
38 g Eiweiß · 43 g Fett
18 g Kohlenhydrate

- Zubereitungszeit: etwa 2 1/4 Stunden

1. In einem Topf etwa 2 l Salzwasser zum Kochen bringen. Vom Wirsing eventuell die äußeren beschädigten Blätter entfernen. Den Kohlkopf in den Topf legen und zugedeckt bei mittlerer Hitze etwa 12 Minuten kochen lassen. Dann den Wirsing herausnehmen, in kaltem Wasser abschrecken, abtropfen und abkühlen lassen.

2. Inzwischen die Brötchen klein würfeln und in lauwarmem Wasser einweichen. Die Kalbsleber sehr fein würfeln oder durch die feine Scheibe des Fleischwolfs drehen. Mit dem Hackfleisch in eine große Schüssel geben. 2 Zwiebeln und die Knoblauchzehen schälen, klein würfeln und zum Fleisch geben.

3. Die Petersilie waschen, trockenschütteln, die Blätter abzupfen und fein hacken. Mit den Eiern und den gut ausgedrückten Brötchen zum Fleisch geben. Alles mit Salz, Pfeffer, dem Paprikapulver und der Zitronenschale kräftig würzen. Die Farce am besten mit den Knethaken des Handrührgeräts gründlich vermischen.

4. Von außen nach innen die Blätter des abgekühlten Wirsings wie bei einer Blüte vorsichtig vom Herzen des Kohlkopfs nach außen falten, ohne die Blätter dabei vom Strunk abzulösen.

5. Die Füllung von innen nach außen mit einem Löffel zwischen die Kohlblätter streichen, dabei möglichst weit zum Strunk hinunterschieben. Lagenweise von allen Seiten jeweils ein Blatt über die Füllung legen, so daß sie nicht mehr sichtbar ist. So fortfahren, bis der Wirsing wieder zu einem festen Kopf zusammengesetzt ist.

6. Den Backofen auf 200° vorheizen. Den Kohlkopf rundherum mit Küchengarn fest verschnüren, damit keine Füllung herausquellen kann.

7. Das Öl in einem großen Schmortopf erhitzen, die übrige Zwiebel schälen, klein würfeln und in dem Fett glasig dünsten. Das Tomatenmark unterrühren, mit der heißen Brühe unter Rühren ablöschen.

8. Den Wirsing mit dem Strunk nach unten in den Topf setzen, mit dem Speck belegen. Zugedeckt im Ofen (unten, Gas Stufe 3, Umluft 180°) etwa 1 Stunde schmoren lassen. Dann bei 250° (Gas Stufe 5, Umluft 220°) offen noch etwa 10 Minuten garen. Den Wirsing herausnehmen, das Garn entfernen.

Varianten:

Die Füllung aus dreierlei Fleisch bietet sich zum Experimentieren an. So können Sie zum Beispiel die Kalbsleber durch Kalbs- oder Lammhackfleisch ersetzen, dann von jeder Fleischsorte 250 g nehmen. Oder die Farce mit 1 Eßlöffel eingeweichten, dann gehackten Trocken-Steinpilzen verfeinern. Pikant wird's mit 1 Eßlöffel gehackten Kapern oder Oliven, würzig-scharf mit 1 Eßlöffel Dijonsenf oder 1 fein gewürfelten Chilischote.

Hier eine fleischlose Variante für Freunde der vollwertigen Küche:

2 Vollkornbrötchen vom Vortag würfeln und einweichen.

2 Zwiebeln schälen, fein hacken und in 2 Eßlöffeln Öl andünsten. 2 Knoblauchzehen schälen und dazupressen.

250 g mittelfein geschrotete Dreikorn-Getreidemischung (zum Beispiel Weizen, Roggen und Grünkern) unter Rühren hinzufügen. Mit 5/8 l (625 ml) heißer Gemüsebrühe ablöschen. Aufkochen, dann bei schwacher Hitze zugedeckt etwa 20 Minuten quellen lassen. Die Brötchen gut ausdrücken, mit dem Schrotbrei, 2 Eiern und 1 Bund gehackter Petersilie in eine Schüssel füllen. Gründlich verkneten, mit Salz, Pfeffer, 1 Teelöffel Thymian und 1/2 Teelöffel Rosmarin kräftig würzen. Die Füllung wie im Rezept beschrieben zwischen die Blätter des Wirsings streichen. Die Garzeit verkürzt sich auf etwa 1 Stunde.

Griechische Paprika

Zutaten für 4 Personen:
4 grüne Paprikschoten (je etwa 200 g) · Salz
100 g Langkornreis
100 g Schafkäse
2 kleine weiße Zwiebeln
1 Knoblauchzehe
1 Bund glatte Petersilie
350 g gemischtes Hackfleisch · 1 Ei
1 Teel. Paprikapulver, rosenscharf
schwarzer Pfeffer, frisch gemahlen
4 Fleischtomaten (etwa 800 g)
60 g schwarze Oliven
1/8 l Gemüsebrühe
Für die Form: Olivenöl

Gelingt leicht

Pro Portion etwa:
2400 kJ/570 kcal
30 g Eiweiß · 34 g Fett
34 g Kohlenhydrate

- Zubereitungszeit: etwa 1 1/2 Stunden

1. Die Paprikaschoten waschen, längs halbieren und putzen. In kochendem Salzwasser etwa 1 Minute blanchieren, abtropfen lassen.

2. Den Reis im kochenden Paprikawasser etwa 5 Minuten vorgaren, abtropfen lassen. Den Schafkäse würfeln. Die Zwiebeln und den Knoblauch schälen und fein hacken. Die Petersilie abbrausen, etwas davon beiseite legen, den Rest fein hacken. Das Hackfleisch mit der Petersilie, den Käsewürfeln, den Zwiebeln, dem Knoblauch und dem Ei verkneten. Mit Salz, dem Paprikapulver und Pfeffer herzhaft würzen, in die Paprikaschoten füllen.

3. Den Backofen auf 200° vorheizen. Eine Auflaufform fetten. Die Tomaten häuten, vierteln, entkernen, würfeln und mit den Oliven in der Form verteilen. Salzen und pfeffern, die Brühe angießen. Die Schoten in die Form setzen und zugedeckt im Backofen (Mitte, Gas Stufe 3, Umluft 180°) in etwa 40 Minuten schmoren, dann offen noch etwa 15 Minuten garen. Die übrige Petersilie aufstreuen.

Sauerkraut-Paprika

Zutaten für 4 Personen:
6 rote Paprikaschoten · Salz
750 g festkochende Kartoffeln
1 Zwiebel · 150 g Cabanossi
1 Eßl. Butterschmalz
300 g rohes Sauerkraut
schwarzer Pfeffer, frisch gemahlen
1 Teel. Majoran, getrocknet
1/2 Teel. Zucker
1 Bund Schnittlauch
1/4 l Fleischbrühe · 200 g Sahne
75 g saure Sahne
Für die Form: Fett

Preiswert

Pro Portion etwa:
2500 kJ/600 kcal
17 g Eiweiß · 39 g Fett
43 g Kohlenhydrate

- Zubereitungszeit: etwa 1 1/2 Stunden

1. Von den Paprikaschoten jeweils einen Deckel abschneiden. Die Schoten putzen, waschen und innen salzen.

2. Die Kartoffeln waschen, schälen und in dünne Scheiben schneiden. Mit Salzwasser bedeckt etwa 5 Minuten vorkochen, dann abgießen.

3. Die Zwiebel schälen und fein würfeln. Die Cabanossi in dünne Scheiben schneiden. Das Schmalz in einer Pfanne erhitzen und die Wurst darin anbraten. Die Zwiebelwürfel und das Sauerkraut dazugeben, im heißen Fett wenden. Mit Salz, Pfeffer, dem Majoran und dem Zucker würzen.

4. Den Backofen auf 200° vorheizen. Den Schnittlauch abspülen und in Röllchen schneiden. Die Hälfte davon unter das Sauerkraut mischen. Diese Mischung in die Paprikaschoten füllen.

5. Eine ofenfeste Form einfetten, die Kartoffeln hineingeben und die heiße Brühe angießen. Die Paprika darauf setzen, die Deckel auflegen. Im heißen Ofen (Mitte, Gas Stufe 3, Umluft 180°) etwa 40 Minuten garen.

6. Die Sahne und die saure Sahne verrühren, über die Kartoffeln gießen und offen noch etwa 10 Minuten schmoren lassen. Mit dem übrigen Schnittlauch bestreuen.

Im Bild oben:
Griechische Paprika
Im Bild unten: Sauerkraut-Paprika

Kürbis nach afrikanischer Art

Das Gericht ist auch für ein Buffet gut geeignet, denn die heiße Kürbisschale hält das Essen stundenlang warm.

Zutaten für 6 Personen:
1 Kürbis (etwa 4 kg)
Salz · 1 Bund glatte Petersilie
2 Knoblauchzehen
2 Eßl. Paprikapulver, edelsüß
1 Teel. Paprikapulver, rosenscharf
1/2 Teel. Kardamom, gemahlen
1 Prise Zimt, gemahlen
Saft und abgeriebene Schale von 1 unbehandelten Zitrone
400 g Hackfleisch, je zur Hälfte von Lamm und Rind
200 g Langkornreis
1 Stange Lauch (etwa 150 g)
2 Zwiebeln (etwa 200 g)
2 Eßl. Olivenöl
schwarzer Pfeffer, frisch gemahlen
50 g Rosinen
30 g Mandeln, gehackt
1 getrocknete rote Chilischote
1/2 l Fleischbrühe
75 g Butter

Für Gäste • Raffiniert

Pro Portion etwa:
2100 kJ/500 kcal
19 g Eiweiß · 30 g Fett
39 g Kohlenhydrate

- Zubereitungszeit: etwa 2 1/2 Stunden (davon 1 1/2 Stunden Backzeit)

1. Vom Kürbis mit einem scharfen großen Messer einen Deckel abschneiden. Die Kerne und das wattige Fruchtfleisch mit einem Löffel entfernen, dann ringsherum 500 g festes Kürbisfleisch herausschneiden. Das ausgelöste Fleisch klein würfeln, die Höhlung kräftig salzen. Den Kürbis umgedreht abtropfen lassen.

2. Die Petersilie abbrausen, trockenschütteln, die Blätter von den Stengeln zupfen und fein hacken. In eine kleine Schüssel geben. Den Knoblauch schälen und durch die Presse dazudrücken. Zusammen mit beiden Sorten Paprikapulver, dem Kardamom, dem Zimt, der Zitronenschale und 2 Eßlöffeln Zitronensaft gut vermischen. Nach Geschmack salzen. Das Hackfleisch zerbröseln und mit der Gewürzmischung vermengen. Die Hackfleischmasse zugedeckt im Kühlschrank etwa 1 Stunde ziehen lassen.

3. Den Reis in reichlich kochendem Salzwasser etwa 10 Minuten vorgaren, dann abtropfen lassen und beiseite stellen.

4. Den Lauch waschen, putzen und das Weiße in feine Ringe schneiden, das Grüne beiseite legen. Die Zwiebeln abziehen und fein würfeln, in dem Olivenöl in einer Pfanne glasig dünsten. Zuerst die Kürbiswürfel, dann den Lauch hinzufügen und anbraten. Das Hackfleisch einrühren und unter Rühren gut bräunen. Kräftig salzen und pfeffern.

5. Den Reis, die Rosinen, die Mandeln (1 Eßlöffel vorher abnehmen!) und die fein zerbröselte Chilischote unter die Hackmasse mischen, mit dem übrigen Zitronensaft, Salz und Pfeffer abschmecken.

6. Den Backofen auf 200° vorheizen. Den Kürbis mit Küchenpapier trockentupfen und in eine feuerfeste Form setzen. Die Reismischung hineinfüllen. Die heiße Brühe darüber gießen, mit 50 g Butter in Flöckchen besetzen. Etwa 1 cm hoch Wasser in die Form gießen. Im Backofen (unten, Gas Stufe 3, Umluft 180°) 1 1/2–1 3/4 Stunden backen, bis die Kürbisschale blasig wird. Nach etwa 1 Stunde den Kürbisdeckel auflegen, nach etwa 1 1/2 Stunden Garzeit mit einem Messer prüfen, ob das Fruchtfleisch weich ist.

7. Den hellgrünen Teil der Lauchstange in feine Ringe schneiden, in der restlichen Butter andünsten. Die übrigen Mandeln hinzufügen und kurz mitrösten.

8. Den fertigen Kürbis in der natürlichen Schale servieren. Mit der Lauchmischung bestreuen. Die Füllung herauslöffeln, dabei jeweils etwas Kürbisfleisch mit herauslösen.

Ein würziger Kürbisreis, serviert in seiner natürlichen »Schüssel« – damit machen Sie bei Ihren Gästen großen Eindruck!

Tomaten mit Spaghetti

Eine italienisch inspirierte Kombination. Das Besondere daran: frische Walnüsse.

Zutaten für 4 Personen:
200 g Spaghetti · Salz
8 Fleischtomaten (etwa 1,6 kg)
100 g roher, geräucherter Schinken
60 g frische Walnußkerne
1 Knoblauchzehe
1 Bund glatte Petersilie
1 Ei
80 g Parmesan, frisch gerieben
schwarzer Pfeffer, frisch gemahlen
1 Eßl. Öl
1/4 l Gemüsebrühe

Raffiniert • Preiswert

Pro Portion etwa:
2300 kJ/550 kcal
26 g Eiweiß · 29 g Fett
51 g Kohlenhydrate

- Zubereitungszeit: etwa 1 Stunde

1. Die Spaghetti in reichlich kochendem Salzwasser in etwa 8 Minuten bißfest garen und gut abtropfen lassen.

2. Die Tomaten waschen, jeweils einen Deckel abschneiden. Die Tomaten aushöhlen und entkernen. Den Schinken in feine Streifen schneiden, die Nüsse hacken. Die Knoblauchzehe schälen und durchpressen. Die Petersilie fein hacken, etwas davon beiseite legen. Den Schinken, die Nüsse, den Knoblauch und die Petersilie mit den Nudeln vermischen.

3. Den Backofen auf 200° vorheizen. Das Ei und den Parmesan (1 Eßlöffel vorher abnehmen!) mit Salz und Pfeffer verquirlen, mit den Nudeln vermengen. Diese in die Tomaten füllen. In eine Gratinform setzen und mit dem Olivenöl beträufeln. Die heiße Brühe angießen, die Tomatendeckel dazulegen. Die Tomaten im Ofen (Mitte, Gas Stufe 3, Umluft 180°) etwa 20 Minuten backen. Mit dem restlichen Käse bestreuen und mit der übrigen Petersilie garnieren.

Gefüllter Frühlingskohlrabi

Zutaten für 4 Personen:
8 Kohlrabi (je etwa 200 g) · Salz
200 g Kalbsschnitzel (aus der Keule)
2 Schalotten (oder 1 kleine Zwiebel)
1 Eßl. Butterschmalz
1 Bund glatte Petersilie
1 Bund Basilikum
2 Scheiben Toastbrot
1 Ei · 200 g Kalbsbrät
schwarzer Pfeffer, frisch gemahlen
abgeriebene Schale von 1 unbehandelten Zitrone
1 Möhre (etwa 100 g)
100 g tiefgefrorene Erbsen
250 g Sahne · 1 Teel. Speisestärke
Außerdem: Alufolie

Braucht etwas Zeit

Pro Portion etwa:
2300 kJ/550 kcal
36 g Eiweiß · 28 g Fett
34 g Kohlenhydrate

- Zubereitungszeit: etwa 1 3/4 Stunden

1. Die Kohlrabi schälen, in Salzwasser etwa 30 Minuten kochen lassen.

2. Das Kalbfleisch klein würfeln, die Schalotten schälen und hacken. Beides im heißen Schmalz kurz anbraten.

3. Das zarte Kohlrabigrün, die Petersilie und das Basilikum bis auf einige Blätter hacken. Das Toastbrot entrinden und fein würfeln. Das Fleisch, das Brot, das Ei und die Kräuter unter das Kalbsbrät mischen. Mit Salz, Pfeffer und Zitronenschale würzen.

4. Die Kohlrabi abgießen, jeweils einen flachen Deckel abschneiden. Das Innere mit einem Teelöffel herauslösen, klein würfeln.

5. Den Backofen auf 225° vorheizen. Die Möhre schälen und würfeln, mit den Kohlrabiwürfeln und den Erbsen in einer Auflaufform mischen, würzen.

6. Die Kohlrabi mit der Brätmischung füllen und auf das Gemüse setzen. Die Sahne mit der Speisestärke verquirlen, um die Knollen gießen. Mit Alufolie abdecken, im Ofen (Mitte, Gas Stufe 4, Umluft 200°) etwa 30 Minuten schmoren lassen. Mit Basilikum garnieren.

Im Bild oben:
Tomaten mit Spaghetti
Im Bild unten:
Gefüllter Frühlingskohlrabi

Paella-Tomaten

Zutaten für 4 Personen:
8 Fleischtomaten (je etwa 200 g)
Salz · 2 Eßl. Olivenöl
2 Schalotten (oder 1 kleine Zwiebel)
1 Knoblauchzehe
225 g Mittel- oder Rundkornreis
schwarzer Pfeffer, frisch gemahlen
1 Teel. Paprikapulver, edelsüß
1 Döschen Safranpulver (0,1 g)
1/2 l Hühnerbrühe
1 rote Paprikaschote (etwa 175 g)
150 g Dorsch- oder Kabeljaufilet
150 g Hähnchenbrustfilet
200 g tiefgefrorene Erbsen
100 g Tiefsee-Garnelen
Saft und abgeriebene Schale von
1/2 unbehandelten Zitrone
1 Eßl. Butter · 1 Scheibe Toastbrot
Für die Form: Olivenöl

Für Gäste

Pro Portion etwa:
2200 kJ/520 kcal
32 g Eiweiß · 13 g Fett
69 g Kohlenhydrate

- Zubereitungszeit: etwa 1 1/2 Stunden

1. Die Tomaten waschen, Deckel abschneiden und die Früchte aushöhlen, salzen.

2. Das Öl in einem Topf erhitzen, die feingehackten Schalotten sowie den durchgepreßten Knoblauch darin andünsten. Den Reis untermischen, mit Salz, Pfeffer und dem Paprikapulver würzen. Das Safranpulver einrühren, die Brühe angießen und zugedeckt etwa 20 Minuten köcheln lassen.

3. Die Paprikaschote klein würfeln. Den Fisch und das Hähnchenfleisch in kleine Würfel schneiden, mit dem Gemüse und den Garnelen mischen, mit 2 Eßlöffeln Zitronensaft beträufeln, salzen und pfeffern.

4. Den Backofen auf 200° vorheizen. Die Mischung unter den Safranreis mischen. Mit Salz, Pfeffer und Zitronenschale würzen, in die Tomaten füllen.

5. Eine Gratinform einfetten, die übrige Füllung darin verteilen. Die Tomaten darauf setzen, salzen. Den Toast entrinden, klein würfeln und auf die Tomaten streuen. Mit Butterflöckchen belegen. Im Ofen (Mitte; Gas Stufe 3, Umluft 180°) etwa 20 Minuten backen.

Muschel-Zucchini

Zutaten für 4 Personen:
4 Zucchini (etwa 1 kg) · Salz
1 Stange Lauch · 2 Tomaten
300 g Muschelfleisch aus der Dose
200 ml Fischfond (Fertigprodukt)
50 g Butter · 1 Knoblauchzehe
2 Teel. Zitronensaft
schwarzer Pfeffer, frisch gemahlen
30 g Mehl
250 g Sahne
je 1 Bund Basilikum und Petersilie

Raffiniert

Pro Portion etwa:
1900 kJ/450 kcal
16 g Eiweiß · 32 g Fett
21 g Kohlenhydrate

- Zubereitungszeit: etwa 1 1/4 Stunden

1. Die Zucchini waschen, putzen, längs halbieren, mit einem Teelöffel aushöhlen, salzen.

2. Den Lauch waschen, putzen und in feine Ringe schneiden. Die Tomaten häuten, entkernen und klein würfeln. Die Muscheln abtropfen lassen, den Saft auffangen und mit dem Fischfond auf 300 ml auffüllen.

3. Den Lauch in 1 Eßlöffel Butter andünsten. Den Knoblauch schälen und dazupressen. Die Tomaten und die Muscheln unterrühren. Alles mit dem Zitronensaft, Salz und Pfeffer würzen, in die Zucchini füllen.

4. Die übrige Butter in einem Topf aufschäumen lassen, das Mehl darin anschwitzen. Den Muschelfond und die Sahne angießen, 5–6 Minuten kochen lassen. Etwas Basilikum beiseite stellen. Die übrigen Kräuter fein hacken und unter die Sauce ziehen.

5. Den Backofen auf 200° vorheizen. Die Hälfte der Sauce in einer Auflaufform verteilen, die Zucchini hineinsetzen und mit je 1 Eßlöffel Sauce bedecken. Den Rest drumherum gießen. Im Ofen (Mitte, Gas Stufe 3, Umluft 180°) etwa 20 Minuten garen. Mit dem übrigen Basilikum garnieren.

Bild oben: Paella-Tomaten
Bild unten: Muschel-Zucchini

Fisch-Päckchen

Dazu schmecken körniger Naturreis oder Kartoffeln prima.

Zutaten für 4 Personen:
1 Staude Mangold (900 g) · Salz
600 g Rotbarschfilet
schwarzer Pfeffer, frisch gemahlen
2 Eßl. Zitronensaft
4 Fleischtomaten (etwa 800 g)
1 Zwiebel · 1 Knoblauchzehe
2 Eßl. Olivenöl
2 Eßl. Tomatenmark
1 Teel. Kräuter der Provence
2 Eßl. Kapern

Kalorienarm • Raffiniert

Pro Portion etwa:
1300 kJ/310 kcal
35 g Eiweiß · 11 g Fett
12 g Kohlenhydrate

- Zubereitungszeit: etwa 1 Stunde

1. Den Mangold zerlegen, die weißen Blattstiele von den Blättern abtrennen, waschen. Zwölf große Blätter in kochendem Salzwasser etwa 1 Minute blanchieren. Abschrecken, die Mittelrippen flach schneiden. Die Mangoldstiele abziehen und in Scheiben schneiden. Das übrige Mangoldgrün beiseite legen.

2. Den Fisch in zwölf Stücke teilen, mit Salz, Pfeffer und dem Zitronensaft würzen, auf je ein Mangoldblatt legen, einschlagen, zu Päckchen aufrollen. Die Tomaten häuten, entkernen und würfeln.

3. Die Zwiebel und den Knoblauch fein hacken und mit den Mangoldstielen in dem Olivenöl etwa 3 Minuten dünsten. Das Tomatenmark und die Tomatenwürfel einrühren, mit Salz, Pfeffer, den Kräutern, den Kapern und 2 Eßlöffeln Kapernsud würzen. Etwa 5 Minuten kochen lassen, dann die Fischpäckchen darauf setzen. Zugedeckt etwa 10 Minuten dünsten. Die übrigen Mangoldblätter streifig schneiden und etwa 5 Minuten mitdünsten.

Folienkartoffeln mit Thunfisch

Zutaten für 4 Personen:
8 Kartoffeln (je etwa 250 g)
1 Fleischtomate (etwa 200 g)
3–4 Frühlingszwiebeln (etwa 100 g)
75 g schwarze Oliven ohne Stein
1 Schalotte
1 Dose Thunfisch im eigenen Saft
(150 g Abtropfgewicht)
1 Bund glatte Petersilie · 2 Eßl. Essig
4 Eßl. Zitronensaft · Salz
schwarzer Pfeffer, frisch gemahlen
4 Eßl. Olivenöl · 2 Eßl. Schmant
Zum Bestreichen: Olivenöl
Außerdem: Alufolie

Gelingt leicht

Pro Portion etwa:
2700 kJ/640 kcal
20 g Eiweiß · 25 g Fett
82 g Kohlenhydrate

- Zubereitungszeit: etwa 1 1/4 Stunden (davon 1 Stunde Backzeit)

1. Den Backofen auf 225° vorheizen. Die Kartoffeln waschen, abtrocknen und einzeln in geölte Alufolie wickeln. Auf das Backblech oder den Rost legen und im Ofen (Mitte, Gas Stufe 4, Umluft 200°) in 60–70 Minuten weich backen.

2. Die Tomate überbrühen, häuten, entkernen und das Fruchtfleisch klein würfeln. Die Frühlingszwiebeln waschen, putzen und wie die Oliven in feine Ringe schneiden. Die Schalotte schälen, fein hacken. Den Thunfisch zerpflücken, mit dem Gemüse vermischen.

3. Die Petersilie abspülen, trockenschütteln und hacken. Den Essig, den Zitronensaft, Salz, Pfeffer und das Olivenöl verrühren. Mit der Thunfischmasse und der Petersilie vermischen, ziehen lassen.

4. Von jeder Kartoffel längs einen Deckel abschneiden, die Kartoffeln mit einem Löffel bis auf einen etwa 1 cm breiten Rand aushöhlen. 2 Eßlöffel Ausgehöhltes mit dem Schmant und der Thunfischmasse (2 Eßlöffel abnehmen) vermengen. In die Kartoffeln verteilen, die restliche Thunfischmasse darauf verteilen. Eventuell mit Petersilie garnieren.

Im Bild oben: Fisch-Päckchen
Im Bild unten: Folienkartoffeln mit Thunfisch

Lachs im Wirsingmantel

In Kohlblätter verpackt und schonend über Dampf gegart, gerät das zarte Fischfilet wunderbar saftig und aromatisch. Dazu paßt am besten eine Wildreismischung.

Zutaten für 4 Personen:
4 Scheiben Lachsfilet (je etwa 125 g; die Haut vom Fischhändler abziehen lassen)
2 Eßl. Zitronensaft · Salz
schwarzer Pfeffer, frisch gemahlen
1 großer Wirsing (etwa 1,6 kg)
100 g Champignons
2 Schalotten
2 Eßl. Butter
1/4 l trockener Weißwein
2 Bund glatte Petersilie
2 Scheiben Toastbrot
4 Eßl. Crème fraîche
200 ml Fischfond (Fertigprodukt)
250 g Sahne
2 Teel. Dijon-Senf

Für Gäste

Pro Portion etwa:
3400 kJ/810 kcal
41 g Eiweiß · 52 g Fett
24 g Kohlenhydrate

- Zubereitungszeit: etwa 1 3/4 Stunden

Tip!

Auch blanchierte Blätter von Chinakohl, Spitzkohl oder Mangold bieten sich als schützende Hülle für die edle Füllung an.

1. Den Lachs mit dem Zitronensaft beträufeln, salzen und pfeffern. Reichlich Salzwasser zum Kochen bringen. Die äußeren acht Blätter des Wirsings abtrennen und portionsweise etwa 2 Minuten blanchieren. Mit einer Schaumkelle herausnehmen, auf einem Küchentuch ausbreiten. Die Mittelrippen flach schneiden.

2. Vom übrigen Wirsing 300 g abnehmen, in Streifchen schneiden, diese dann fein hacken. Die Pilze putzen, die Schalotten abziehen und beides winzig klein würfeln. In einem Topf die Butter erhitzen, das Gemüse darin kurz andünsten. 3 Eßlöffel Wein angießen und weiterdünsten, bis er verdampft ist. Kräftig würzen.

3. Die Petersilie hacken. Das Brot klein würfeln, mit der Petersilie und der Crème fraîche unter die Farce mengen. Je zwei Wirsingblätter überlappend aufeinanderlegen, darauf insgesamt etwa 3/4 der Farce streichen, mit je einem Lachsstück belegen. Die übrige Farce darauf geben. Das Kohlblatt über der Füllung einschlagen.

4. In einem breiten Topf den übrigen Wein und den Fond aufkochen lassen, die Päckchen in einen Siebeinsatz legen und zugedeckt bei mittlerer Hitze etwa 12 Minuten dämpfen. Den Fisch warm stellen. Die Sahne in den Sud rühren etwa 5 Minuten einkochen lassen. Mit dem Senf, Salz und Pfeffer abschmecken.

Gurken auf Kerbelsahne

Zarte, neue Kartoffeln sind die ideale Ergänzung zu diesem edlen Frühlingsgericht. Statt Seezunge können Sie auch Schollen- oder Lachsfilet für die Farce nehmen. Alle drei Fischarten sind wie geschaffen für das Pochieren, das langsame und sanfte Garziehen.

Zutaten für 4 Personen:
400 g Seezungenfilet, enthäutet
2 Eßl. Zitronensaft
Salz
schwarzer Pfeffer, frisch gemahlen
3 mittelgroße Gemüsegurken (etwa 1 kg)
190 g Sahne
1 Eiweiß
Worchestersauce
2 Handvoll Kerbel (etwa 30 g)
2 Schalotten (oder 1 kleine Zwiebel)
30 g Butter
1/4 l trockener Weißwein

Für Gäste

Pro Portion etwa:
1600 kJ/380 kcal
21 g Eiweiß · 23 g Fett
10 g Kohlenhydrate

- Zubereitungszeit: etwa 1 Stunde 10 Minuten
- Kühlzeit: 1 Stunde

1. Den Fisch klein würfeln. Mit dem Zitronensaft beträufeln, salzen und pfeffern. Im Kühlschrank etwa 1 Stunde kühlen lassen. Die Gurken putzen, schälen und in etwa 5 cm lange Stücke teilen. Mit dem Apfelbohrer das Gurkenfleisch bis auf einen etwa 1 cm breiten Rand ausstechen. Die Gurken salzen.

2. Den Fisch im Mixer oder mit dem Schneidstab fein pürieren, dabei 65 g Sahne und das Eiweiß unter die Farce mischen. Mit Worchestersauce, Salz und Pfeffer abschmecken. Nochmals etwa 10 Minuten kalt stellen, dann mit einem Spritzbeutel in die ausgehöhlten Gurkenstücke spritzen oder mit einem Löffel hineindrücken.

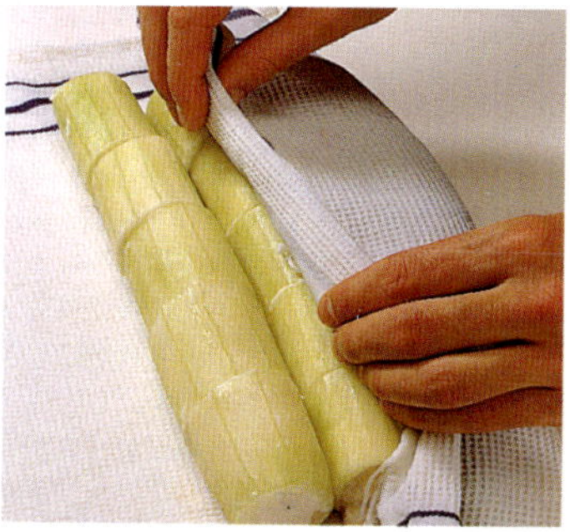

3. In einem großen Topf reichlich Salzwasser zum Kochen bringen. Ein Küchentuch in kaltes Wasser tauchen, auswringen und ausbreiten. Die Gurken darauf zusammensetzen, das Tuch darüber zusammenfalten und fest zubinden. Das Paket in das kochende Wasser legen, bei schwacher Hitze etwa 20 Minuten ziehen lassen.

4. Den Kerbel hacken. Die Schalotten schälen, würfeln und in der Butter glasig dünsten. Den Wein angießen, offen bei starker Hitze einkochen lassen. Die übrige Sahne einrühren und cremig einkochen lassen, würzen. Den Kerbel in die nicht mehr kochende Sauce geben. Die Gurken in Scheiben schneiden.

Paprika mit Fisch-Curry

Zutaten für 4 Personen:
400 g festkochende Kartoffeln
2 Zwiebeln
2 Knoblauchzehen
1 Stück Ingwer (etwa 2 cm)
50 g Butter
1 Dose passierte Tomaten (400 g)
Salz · 2 Teel. Currypulver
2 Teel. Koriander, gemahlen
400 g Kabeljaufilet
2 Eßl. Zitronensaft
schwarzer Pfeffer, frisch gemahlen
je 4 rote und gelbe Paprikaschoten
1 Bund glatte Petersilie
4 Eßl. Öl · 1/4 l Gemüsebrühe

Spezialität aus Indien

Pro Portion etwa:
1500 kJ/360 kcal
26 g Eiweiß · 12 g Fett
36 g Kohlenhydrate

- Zubereitungszeit: etwa 1 1/4 Stunden

1. Die Kartoffeln schälen, waschen und etwa 1 cm klein würfeln. Die Zwiebeln, den Knoblauch und den Ingwer schälen und fein hacken. In einem Topf in der Butter glasig dünsten. Das Tomatenpüree dazugeben, mit Salz, dem Curry und dem Koriander würzen und unter Rühren etwa 3 Minuten dünsten. Die Kartoffeln und 6 Eßlöffel Wasser hinzufügen. Zugedeckt etwa 15 Minuten köcheln lassen.

2. Den Fisch klein würfeln. Mit dem Zitronensaft beträufeln, salzen und pfeffern. Die Paprikaschoten waschen, jeweils einen Deckel abschneiden, die Kerne und Trennwände entfernen. Die Petersilie grob hacken.

3. Die Kartoffeln vom Herd nehmen, den Fisch und die Petersilie hinzufügen und noch 3–4 Minuten auf dem Herd ziehen lassen. Die Mischung in die Paprikaschoten füllen, die Paprikadeckel aufsetzen.

4. Die Paprika im Öl leicht anbraten. Die Brühe angießen und alles zugedeckt etwa 15 Minuten schmoren lassen.

Fenchel mit Fischfüllung

Zutaten für 4 Personen:
4 Fenchelknollen (je etwa 300 g)
Salz · Saft von 1 1/2 Zitronen
300 g Rotbarschfilet
2 Schalotten (oder 1 Zwiebel)
70 g Butter · 2 Möhren
2 Eier · 40 g Semmelbrösel
schwarzer Pfeffer, frisch gemahlen
40 g Mehl · 1/4 l Milch

Braucht etwas Zeit

Pro Portion etwa:
2100 kJ/500 kcal
30 g Eiweiß · 24 g Fett
3 g Kohlenhydrate

- Zubereitungszeit: etwa 1 1/2 Stunden

1. Den Fenchel waschen, putzen und das Grün beiseite legen. Die Knollen längs halbieren, in 1 1/2 l kochendem Salzwasser mit dem Saft von 1 Zitrone etwa 5 Minuten garen. Abtropfen lassen, 3/8 l Kochwasser beiseite stellen. Das Innere des Fenchels bis auf zwei Schichten herauslösen und klein würfeln.

2. Den Fisch in etwa 1 cm große Würfel schneiden. Mit 2 Eßlöffeln Zitronensaft beträufeln. Die Schalotten abziehen, fein hacken und in 2 Eßlöffeln Butter glasig dünsten. Den Fisch etwa 1 Minute mitdünsten.

3. Die Möhren schälen und grob raffeln. Das Fenchelgrün hacken. Die Eier trennen. Die Eigelbe, die Möhrenraspel, die Semmelbrösel und die Hälfte des Fenchelgrüns unter den Fisch mischen, salzen und pfeffern. Die Eiweiße steif schlagen, unterheben. Die Füllung in die Fenchelknollen häufen.

4. Den Backofen auf 225° vorheizen. Die Fenchelwürfel in der restlichen Butter etwa 1 Minute dünsten. Mit dem Mehl bestäuben. Das Fenchelkochwasser und die Milch dazugießen, etwa 5 Minuten köcheln lassen. Mit Salz, Pfeffer und Zitronensaft würzen.

5. Die Sauce in eine ofenfeste Form geben, den Fenchel darauf legen. Im Ofen (Mitte, Gas Stufe 4, Umluft 200°) in etwa 20 Minuten backen. Mit dem übrigen Fenchelgrün garnieren.

Im Bild oben: Paprika mit Fisch-Curry
Im Bild unten:
Fenchel mit Fischfüllung

Zucchini mit Tomaten und Mozzarella

Gemüsegratin in Portionsförmchen: paßt sehr gut zu Kalbs- oder Putenschnitzel.

Zutaten für 4 Personen:
4 Zucchini (etwa 800 g)
Salz
schwarzer Pfeffer, frisch gemahlen
200 g Mozzarella
200 g Cocktailtomaten
1 Teel. getrockneter Oregano
3 Eßl. Olivenöl
1 Bund Basilikum oder Petersilie

Gelingt leicht • Raffiniert

Pro Portion etwa:
910 kJ/220 kcal
14 g Eiweiß · 15 g Fett
6 g Kohlenhydrate

- Zubereitungszeit: etwa 50 Minuten

1. Die Zucchini waschen und längs halbieren. Das Zucchinifleisch bis auf einen etwa 1 cm breiten Rand herauskratzen, anderweitig verwenden. Die Zucchini salzen und pfeffern.

2. Den Backofen auf 225° vorheizen. Den Mozzarella vierteln, dann in dünne Scheiben schneiden. Die Tomaten waschen und quer zum Blütenansatz in Scheiben teilen.

3. Abwechselnd je 1 Scheibe Tomate und Mozzarella fächerartig überlappend in die ausgehöhlten Zucchini legen. Mit Salz, Pfeffer und dem Oregano bestreuen.

4. Eine ofenfeste Form mit 2 Eßlöffeln Olivenöl einstreichen und die Zucchini hineinsetzen. Mit dem übrigen Olivenöl beträufeln. Im Backofen (Mitte, Gas Stufe 4, Umluft 200°) 10–15 Minuten gratinieren. Das Basilikum oder die Petersilie waschen, trockenschütteln, abzupfen und auf die Zucchini streuen.

Lauch-Gratin in Champignons

Zutaten für 4 Personen:
8 große Champignons (etwa 500 g)
Saft von 1/2 Zitrone
1 Stange zarter Lauch (etwa 250 g)
1 Eßl. Butter
Salz
schwarzer Pfeffer, frisch gemahlen
1 Ei
40 g Crème fraîche
30 g Gruyère (oder mittelalter Gouda)
Für die Form: Fett

Preiswert

Pro Portion etwa:
610 kJ/150 kcal
7 g Eiweiß · 11 g Fett
4 g Kohlenhydrate

- Zubereitungszeit: etwa 45 Minuten (davon 15 Minuten Backzeit)

1. Die Champignons abwaschen, trockentupfen und die Stiele entfernen. Die Köpfe leicht aushöhlen und mit dem Zitronensaft beträufeln.

2. Den Lauch putzen, waschen und in feine Ringe schneiden, die Champignonstiele fein hacken. Zusammen mit dem Lauch in der Butter etwa 3 Minuten dünsten, salzen und pfeffern.

3. Den Backofen auf 200° vorheizen. Eine flache ofenfeste Form einfetten. Die Champignons hineinsetzen und mit der Lauchmischung füllen.

4. Das Ei mit der Crème fraîche verquirlen. Den Käse fein raffeln und daruntermischen. Die Käse-Ei-Sahne über die gefüllten Champignons gießen und im heißen Ofen (Mitte, Gas Stufe 3, Umluft 180°) etwa 15 Minuten überbacken. Heiß oder lauwarm servieren, zum Beispiel zu kurz gebratenem Schweine- oder Rindfleisch.

Bild oben:
Zucchini mit Tomaten und Mozzarella
Bild unten:
Lauch-Gratin in Champignons

Fenchel mit Mandeln

Eine ideale Beilage zu gebratener Forelle oder Kalbskotelett.

Zutaten für 4 Personen:
2 Fenchelknollen (je etwa 350 g)
Salz
Saft und abgeriebene Schale von
1 unbehandelten Zitrone · 1 Zwiebel
1 Knoblauchzehe · 6 Eßl. Olivenöl
1 Bund glatte Petersilie
60 g Mandeln, gehackt
schwarzer Pfeffer, frisch gemahlen
2 Eßl. Semmelbrösel
6 Eßl. trockener Weißwein

Raffiniert

Pro Portion etwa:
1300 kJ/310 kcal
9 g Eiweiß · 21 g Fett
14 g Kohlenhydrate

- Zubereitungszeit: etwa 1 Stunde

1. Die Fenchelknollen waschen und putzen, das Grün beiseite legen. Die Knollen längs halbieren, mit Salzwasser und 3 Eßlöffeln Zitronensaft bedeckt etwa 5 Minuten kochen lassen. Dann abtropfen lassen, 1/8 l Fenchelkochwasser beiseite stellen.

2. Die Fenchelhälften bis auf die äußeren beiden Randschichten aushöhlen. Das ausgehöhlte Fenchelfleisch klein würfeln. Die Zwiebel und die Knoblauchzehe abziehen und in Würfel schneiden. Alles in 2 Eßlöffeln Olivenöl unter Rühren etwa 3 Minuten braten.

3. Die Petersilie mit dem Fenchelgrün hacken. Die Kräuter und die Mandeln unter das Fenchelgemüse ziehen. Die Mischung mit Salz, Pfeffer, dem restlichen Zitronensaft und der Zitronenschale abschmecken.

4. Den Backofen auf 200° vorheizen. Die Fenchelhälften nebeneinander in eine Gratinform setzen, die Füllung hineingeben. Die Semmelbrösel darauf streuen und mit je 1 Eßlöffel Olivenöl beträufeln. Das Fenchelkochwasser und den Wein angießen, den Fenchel im heißen Ofen (Mitte, Gas Stufe 3, Umluft 180°) etwa 20 Minuten backen.

Spinat-Tomaten mit Rosinen

Zu Lammkoteletts oder Kalbsschnitzeln oder ohne Fleisch als Vorspeise servieren.

Zutaten für 4 Personen:
4 Fleischtomaten (etwa 300 g)
Salz · 40 g Rosinen
600 g Blattspinat
2 Knoblauchzehen
2 Eßl. Pinienkerne
2 Eßl. Olivenöl · 2 Eßl. Butter
schwarzer Pfeffer, frisch gemahlen
2 Eßl. Parmesan, frisch gerieben

Für Gäste

Pro Portion etwa:
1100 kJ/260 kcal
10 g Eiweiß · 16 g Fett
20 g Kohlenhydrate

- Zubereitungszeit: etwa 45 Minuten

1. Von den Tomaten jeweils einen Deckel abschneiden, die Tomaten aushöhlen, mit Salz ausstreuen und umgedreht auf Küchenpapier abtropfen lassen.

2. Die Rosinen in lauwarmem Wasser einweichen. Den Spinat waschen und verlesen. Die Knoblauchzehen schälen und in Stifte schneiden.

3. Den Backofen auf 200° vorheizen. Die Pinienkerne ohne Fett goldbraun rösten und beiseite legen. Dann das Olivenöl und 1 Eßlöffel Butter im Topf erhitzen, den Knoblauch darin unter Rühren sanft braten. Den Spinat im heißen Fett wenden. Zugedeckt bei mittlerer Hitze etwa 2 Minuten dünsten. Die Dünstflüssigkeit abgießen.

4. Die Rosinen abtropfen lassen, unter den Spinat rühren. Salzen und pfeffern. Die Pinienkerne untermischen.

5. Die Spinatmischung in die Tomaten füllen, den Parmesan darauf streuen und mit der übrigen Butter in Flöckchen belegen. Die Tomaten in eine ofenfeste Form setzen. Im heißen Ofen (Mitte, Gas Stufe 3, Umluft 180°) 10–12 Minuten backen.

Im Bild oben:
Fenchel mit Mandeln
Im Bild unten:
Spinat-Tomaten mit Rosinen

RÖSLE

Schmorgurken mit Risotto

Eine frisch-würzige Beilage, zu der gebratener Fisch paßt.

Zutaten für 4 Personen:
4 Schmorgurken (je etwa 225 g)
Salz · 2 Schalotten
2 Eßl. Öl · 1 Knoblauchzehe
200 g Risotto-Reis
2 Zitronen (1 davon unbehandelt)
1/8 l Hühnerbrühe
3 Estragonzweige · 75 g Sahne
schwarzer Pfeffer, frisch gemahlen
50 g Emmentaler, frisch gerieben
25 g Butter

Braucht etwas Zeit

Pro Portion etwa:
1800 kJ/430 kcal
10 g Eiweiß · 21 g Fett
46 g Kohlenhydrate

- Zubereitungszeit: etwa 1 1/4 Stunden

1. Die Gurken schälen, längs halbieren, die Kerne herausschaben. Die Hälften in 1 1/2 l kochendem Salzwasser etwa 5 Minuten blanchieren, herausheben. Das Kochwasser aufbewahren.

2. Die Schalotten fein würfeln, im heißen Öl glasig braten. Den Knoblauch dazupressen. Den Reis einrühren, anrösten, salzen. Den ausgepreßten Saft der Zitronen angießen, kochen lassen, bis er verdampft ist.

3. 1/2 l Kochwasser und die Brühe nach und nach angießen, immer wieder einkochen lassen. Mit der abgeriebenen Schale von 1/2 Zitrone würzen. Bei mittlerer Hitze 25–30 Minuten garen, bis der Reis bißfest ist.

4. Den Estragon abspülen und grob zerpflücken. Mit der Sahne unter den Reis mischen, salzen und pfeffern. Den Risotto in die Gurkenhälften füllen, den Käse darüber streuen.

5. Die Butter in einem Topf erhitzen, die Gurken darin kurz anbraten. 1/8 l Kochwasser angießen. Zugedeckt bei schwacher Hitze etwa 20 Minuten schmoren lassen. Etwa 5 Minuten vor Ende der Garzeit den Topf öffnen.

Kartoffeln mit Kräutercreme

Beilage zu Fleisch oder vegetarisches Hauptgericht.

Zutaten für 4 Personen:
4 vorwiegend festkochende Kartoffeln (je etwa 250 g)
100 g gemischte Kräuter
100 g saure Sahne
200 g Quark, gut abgetropft
1 Teel. Dijon-Senf
1 Schalotte · Salz
schwarzer Pfeffer, frisch gemahlen
1–2 Teel. Zitronensaft
Außerdem: Alufolie

Preiswert

Pro Portion etwa:
1200 kJ/290 kcal
13 g Eiweiß · 6 g Fett
42 g Kohlenhydrate

- Zubereitungszeit: etwa 1 1/2 Stunden (davon 1 Stunde Backzeit)

1. Den Backofen auf 225° vorheizen. Die Kartoffeln unter fließendem Wasser gründlich abbürsten und trockenreiben. Mit einer Gabel mehrmals einstechen.

2. Jede Kartoffel in ein Stück Alufolie wickeln. Auf den Rost legen und im Ofen (Mitte, Gas Stufe 4, Umluft 200°) 60–70 Minuten backen, bis die Kartoffeln weich sind.

3. Inzwischen die Kräuter kurz waschen, die dicken Stiele entfernen. Die Kräuter gut trockenschütteln, zwei bis drei Zweige beiseite legen. Den Rest grob hacken und mit der sauren Sahne zu einer glatten, cremigen Masse pürieren. Den Quark und den Senf unterrühren. Die Schalotte schälen, sehr fein hacken und hinzufügen. Die Creme mit Salz, Pfeffer und dem Zitronensaft abschmecken.

4. Von jeder Kartoffel der Länge nach einen Deckel abschneiden und die Kartoffeln bis auf einen etwa 1 cm breiten Rand aushöhlen. Die Kräutercreme hineinfüllen und mit den übrigen Kräutern verzieren.

Im Bild oben:
Schmorgurken mit Risotto
Im Bild unten:
Kartoffeln mit Kräutercreme

Auberginen mit Grünkern

Zutaten für 4 Personen:
2 Auberginen (etwa 600 g) · Salz
1 Vollkornbrötchen vom Vortag
6 Eßl. Milch
1/2 rote Paprikaschote
1 Zwiebel · 2 Eßl. Olivenöl
100 g Grünkernschrot
1/2 l Gemüsebrühe
1 Bund glatte Petersilie · 1 Ei
schwarzer Pfeffer, frisch gemahlen
Für die Form und zum Bestreichen:
Öl

Gut vorzubereiten

Pro Portion etwa:
950 kJ/230 kcal
7 g Eiweiß · 8 g Fett
22 g Kohlenhydrate

- Zubereitungszeit: etwa 1 Stunde

1. Die Auberginen waschen, putzen und jeweils in Scheiben von etwa 4 cm Länge schneiden. Bis auf einen etwa 1 cm breiten Rand aushöhlen, salzen.

2. Das Brötchen würfeln. Die Milch aufkochen, darüber gießen und die Würfel quellen lassen.

3. Den Backofen auf 225° vorheizen. Eine Gratinform einfetten. Die Auberginenringe innen und außen einölen, in die Form setzen. Im heißen Ofen (Mitte, Gas Stufe 4, Umluft 200°) etwa 10 Minuten vorbacken.

4. Die Paprikaschote in kleine Würfel schneiden. Die Zwiebel abziehen, klein würfeln und in 1 Eßlöffel Olivenöl andünsten. Die Paprikawürfel mitdünsten. Den Grünkern einrühren, kurz anrösten, mit 300 ml Brühe ablöschen. Zugedeckt etwa 10 Minuten quellen lassen.

5. Die Petersilie hacken. Mit dem ausgedrückten Brötchen und dem Ei unter die Farce mischen, salzen und pfeffern. In die Auberginenringe füllen, die übrige heiße Brühe angießen. Im Ofen bei 200° (Mitte, Gas Stufe 3, Umluft 180°) 20 Minuten garen. Die Auberginen passen zu Koteletts.

Zucchini mit Polenta

Zutaten für 4 Personen:
4 Zucchini (etwa 800 g) · Salz
50 g durchwachsener Räucherspeck
1 Möhre (etwa 150 g)
3 Frühlingszwiebeln (etwa 100 g)
1 Knoblauchzehe · 1 Eßl. Olivenöl
100 g Polenta (Maisgrieß)
1/2 l Gemüsebrühe
1 Teel. Thymian, gehackt
1/2 Teel. Rosmarin, gehackt
schwarzer Pfeffer, frisch gemahlen
2 Eßl. Butter
Für die Form: Öl

Gelingt leicht

Pro Portion etwa:
1300 kJ/310 kcal
7 g Eiweiß · 19 g Fett
25 g Kohlenhydrate

- Zubereitungszeit: etwa 1 1/4 Stunden

1. Die Zucchini waschen, längs halbieren, das Fruchtfleisch mit einem Teelöffel herausschaben und hacken. Die Zucchini innen salzen.

2. Den Speck und die geschälte Möhre klein würfeln. Die Frühlingszwiebeln waschen, putzen, das Weiße und das Grüne getrennt in Ringe schneiden. Den Knoblauch schälen.

3. Das Öl in einem Topf erhitzen, den Speck bei schwacher Hitze ausbraten. Den Knoblauch dazupressen. Das Weiße der Frühlingszwiebeln, die Möhre und das Zucchinifleisch hinzufügen und etwa 3 Minuten andünsten. Dann den Maisgrieß leicht anrösten. Die heiße Brühe angießen, aufkochen und bei schwacher Hitze zugedeckt etwa 15 Minuten quellen lassen.

4. Die Kräuter und das Grüne der Frühlingszwiebeln unter den Grießbrei mengen, salzen und pfeffern.

5. Den Backofen auf 200° vorheizen. Eine Gratinform einfetten. Die Polenta-Farce in die Zucchinihälften verteilen, diese in die Form setzen. Mit der Butter in Flöckchen belegen. Im Ofen (Mitte, Gas Stufe 3, Umluft 180°) in 20–25 Minuten goldbraun backen. Die Zucchini schmecken zu Fisch oder Rindfleisch.

Im Bild oben: Zucchini mit Polenta
Im Bild unten:
Auberginen mit Grünkern

Wirsingtaschen mit Quark-Soufflé

Schmeckt zu Hähnchenkeulen.

Zutaten für 4 Personen:
8 mittelgroße Blätter von einem zarten Wirsing
Salz · 150 g Magerquark
1/8 l Milch · 30 g Hartweizengrieß
2 Eier · 40 g Butter
50 g gekochter Schinken
2 Handvoll Kerbel
schwarzer Pfeffer, frisch gemahlen
Muskatnuß, frisch gerieben
Für die Form: Fett

Gelingt leicht

Pro Portion etwa:
820 kJ/200 kcal
16 g Eiweiß · 9 g Fett
11 g Kohlenhydrate

- Zubereitungszeit: etwa 1 Stunde 10 Minuten

1. Die Wirsingblätter in kochendem Salzwasser etwa 2 Minuten blanchieren, abschrecken und abtropfen lassen. Die Mittelrippen flachschneiden, die Blattrippen auf der Rückseite in der Mitte einmal quer einschneiden, so daß sie sich umknicken lassen.

2. Den Quark in einem Sieb abtropfen lassen. Die Milch mit 1 Prise Salz aufkochen lassen. Den Grieß darin etwa 1 Minute kochen lassen. Den Topf vom Herd ziehen. Die Eier trennen. Die Eigelbe, 25 g Butter und den Quark unter den Grieß rühren.

3. Den Schinken würfeln. Den Kerbel fein hacken, mit dem Schinken unter den Grießbrei mischen. Kräftig mit Salz, Pfeffer und Muskat würzen.

4. Den Backofen auf 175° vorheizen. Eine große Gratinform einfetten. Die Eiweiße steif schlagen, unter die Füllung heben. Diese auf die eine Hälfte der Wirsingblätter verteilen, die andere Blatthälfte darüber schlagen. Die Wirsingtaschen in die Form setzen. Die übrige Butter in Flöckchen obenauf setzen. Im Ofen (Mitte, Gas Stufe 2, Umluft 160°) etwa 20 Minuten backen.

Paprikaschoten mit Schafkäse

Zutaten für 4 Personen:
je 1 rote, grüne und gelbe Paprikaschote (etwa 450 g)
250 g Schafkäse
1/2 Bund Thymian
schwarzer Pfeffer, frisch gemahlen
Paprikapulver, rosenscharf
8 Eßl. Olivenöl
2 Eßl. Rotweinessig
1 Eßl. Zitronensaft
1 Teel. scharfer Senf · Salz
1/2 rote Zwiebel · 1 Knoblauchzehe
1/2 Bund Schnittlauch
Für die Form: Öl

Raffiniert

Pro Portion etwa:
1600 kJ/380 kcal
13 g Eiweiß · 30 g Fett
12 g Kohlenhydrate

- Zubereitungszeit: etwa 35 Minuten

1. Die Paprikaschoten waschen, der Länge nach halbieren, putzen und trockentupfen. Eine ofenfeste Form mit Öl einstreichen, die Paprikahälften hineinsetzen. Den Schafkäse in etwa 1 cm große Würfel schneiden. Den Thymian kurz abspülen, trockenschwenken, die Blättchen abrebeln und mit dem Käse mischen. Mit Pfeffer und Paprikapulver würzen, in die Paprikahälften füllen und mit 2 Eßlöffeln Öl beträufeln.

2. Den Elektrogrill oder den Backofen auf 250° vorheizen. Die Paprika auf dem Grill oder im Ofen (Mitte, Gas Stufe 5, Umluft 220°) 7–10 Minuten grillen oder backen, bis der Schafkäse leicht gebräunt ist.

3. Inzwischen den Essig, den Zitronensaft, den Senf, Salz und Pfeffer verquirlen, das übrige Olivenöl unterschlagen. Die Zwiebel und die Knoblauchzehe schälen und fein würfeln. Den Schnittlauch in feine Röllchen schneiden. Die Zwiebel, den Knoblauch und den Schnittlauch unter die Salatsauce rühren. Über den heißen Käse träufeln. Die Schoten schmecken gut zu gegrilltem Fleisch.

Bild oben:
Paprikaschoten mit Schafkäse
Bild unten:
Wirsingtaschen mit Quark-Soufflé

REZEPT- UND SACHREGISTER

Zum Gebrauch
Damit Sie Rezepte mit bestimmten Zutaten noch schneller finden können, stehen in diesem Register zusätzlich auch Hauptzutaten wie Tomaten oder Paprika – ebenfalls alphabetisch geordnet und halbfett gedruckt – vor den entsprechenden Rezepten.

IMPRESSUM

Umschlag-Vorderseite:
Das Rezept für den gefüllten Frühlingskohlrabi finden Sie auf Seite 42.

Redaktion: Ulla Thomsen
Layout: Ludwig Kaiser
Typografie: Robert Gigler
Herstellung: Peter Pleischl
Fotos: Odette Teubner
Umschlaggestaltung:
Heinz Kraxenberger
Satz: Computersatz Wirth, Regensburg
Reproduktionen: Longo, Bozen
Druck und Bindung: Kaufmann, Lahr
ISBN 3-7742-1938-9

Auflage 5. 4. 3. 2.
Jahr 1999 98 97 96 95

Martina Kittler
machte nach dem Ökotrophologie- und Sportstudium ihre Leidenschaft Kochen zum Beruf. Fast acht Jahre lang arbeitete sie in der Redaktion der größten deutschen Kochzeitschrift. Seit 1991 schreibt sie freiberuflich Bücher und Artikel für Zeitschriften. Ihre Schwerpunkte: moderne und gesunde Ernährung sowie internationale Länderküche mit Vorliebe für Asien.

Odette Teubner
wurde durch ihren Vater, den international bekannten Food-Fotografen Christian Teubner, ausgebildet. Heute arbeitet sie ausschließlich im Studio für Lebensmittelfotografie Teubner. In ihrer Freizeit ist sie begeisterte Kinderporträtistin – mit dem eigenen Sohn als Modell.